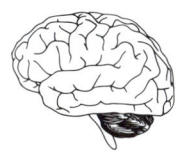

Prof. Dr. Michael Madeja

WARUM
GRAUE
auch mal
ZELLEN ROSA
SIND

TESSLOFF

Liebe Leserin,
lieber Leser!

Herzlich willkommen zu einer atembe-raubenden Reise ins Innere unseres Körpers! Genauer gesagt: in unser Gehirn! In diesem Buch möchte ich die spannends-ten Fragen zum Gehirn beantworten, die mir als Hirnforscher schon oft von Kindern gestellt wurden. Oder die ich besonders interessant fand. Die Fragen beschäftigen sich mit dem Aufbau des Gehirns, seinen Funktionen, seinen Erkrankungen und …

PURKI: „Ich habe es dir gleich gesagt: Das wird sterbenslangweilig, wenn wir da nicht mitmischen."

PYRA: „Klar, deshalb sind wir ja hier."

Äh… ich glaube, ich habe Halluzinationen. Ich habe gerade gedacht, ich hätte Stimmen gehört.

PURKI: „Hast du auch."

PYRA: „Halluzi-was, bitte? Das ist wieder typisch für euch Wissenschaftler: Einfach Fachbegriffe benutzen, die keiner versteht."

Hal·lu·zi·na·tio·nen. Na gut, dann werde ich das jetzt mal lassen mit den Fachbegriffen. Aber wer seid ihr denn nun?

PURKI: „Ach, wir sind Zellen …"

PYRA: „Genauer gesagt: NERVENzellen. Aus dem Gehirn. Genauer gesagt: aus DEINEM Gehirn!"

Äh, okay. Ich weiß gar nicht, ob mir das so recht ist, dass sich meine Nervenzellen selbstständig machen. Was wollt ihr denn?

PYRA: „Wie gesagt: dir auf die Sprünge helfen."

PURKI: „Damit du nicht als Ober-Schlaumeier-Pro-fessor Sachen herumlaberst, die keiner versteht."

PYRA: „Und außerdem wissen wir manches viel-leicht auch besser als du, denn wir sind nun mal Nervenzellen und im Gehirn live dabei! Da können wir dir sicher auch einiges aus dem Leben der Nervenzellen erzählen, was du noch nicht weißt."

Ja, stimmt, das ist eigentlich eine gute Idee. Und neugierig bin ich natürlich auch, was ihr mir noch alles erzählen könnt. Dann wollen wir aber auch keine Zeit mehr verlieren und gleich anfangen.

PURKI: „Halt! Nicht so schnell."

Was ist denn noch?

PYRA: „Wie ist das denn jetzt genau mit diesen Hal-lu-zi-na-tio-nen?"

Ach ja, gut, dass ihr mich daran erinnert. Manchmal bin ich ein bisschen vergess-lich. Also: Halluzinationen sind Bilder von Dingen oder Geräusche, die es nicht gibt und die nicht von den Augen gesehen oder von den Ohren gehört, sondern vom Gehirn selbst erzeugt werden.

Hallo, ich bin Purki! Ich bin eine Purkinjezelle aus dem Kleinhirn. Du erkennst mich an meinen Strubbelhaaren!

Ich heiße Pyra. Ich bin eine Pyramidenzelle aus der Großhirnrinde. Und zwar: Die genialste und schönste dieses Forschergehirns!

PURKI: „Na also, geht doch. Hab' ich verstanden."

PYRA: „Ich auch. Aaaber: noch mal Halt! Hol dir schon mal deine Stifte. Wir wollen nämlich wirklich ALLES verstehen. Du musst uns die schwierigen Sachen also auch mal zeichnen."

Puh, na gut, ich werde es versuchen. Ihr werdet ja sehen, wie gut ich zeichnen kann. Und was soll ich für euch zeichnen?

PYRA: „Wie wäre es mit einer Nervenzelle?"
PURKI: „Au ja! Eine Purkinjezelle wie mich! Biiiitte!"

Also schön. Warum nicht? Aber ich zeichne nicht genau dich. Ich zeichne eine andere Purkinjezelle, die aber genauso verstrubbelt ist wie du. Versprochen!

PYRA: „Stooooopp! Nicht so detailverliebt, bitte! Das interessiert doch nur Hirnforscher. Da kann ich ja gar nichts mehr erkennen."

Okay, da hast du wahrscheinlich recht. Ich versuche mal, das noch ein bisschen zu vereinfachen. Blätter mal um. Kommen wir einfach zur ersten Frage und dann probiere ich das noch mal. Bereit? Los geht's!

Wie sehen Nervenzellen aus?

Also, ihr beiden seid ja schon mal zwei wahre Musterexemplare von Nervenzellen. Das muss man euch lassen. Aber: Es gibt auch noch andere Nervenzellen.

PURKI: „Klar, meine Kumpels in der Hirnrinde!"

Ja, aber außer der Art von Nervenzellen, zu denen du gehörst, gibt es noch andere: Das Gehirn besteht aus verschiedenen Arten von Nervenzellen. So wie es bei den Hunden Pekinesen, Schäferhunde, Bernhardiner und viele andere gibt. Schaut mal. Ich zeichne euch mal schnell ein paar typische Nervenzellen auf:

Stimmt, die beiden sehen euch ähnlich. Aber sie sind doch etwas anders. Jede einzelne Nervenzelle sieht unterschiedlich aus. Denn jede Nervenzelle wächst und verändert sich im Laufe des Lebens so, wie sie gebraucht wird. Einige bekommen viele Fortsätze, andere verlängern die Fortsätze, die sie schon haben, und bilden nur noch wenige kurze neu dazu. Das ist wie bei den Menschen: Jedes Leben ist anders und deshalb verändert sich jeder Mensch mit der Zeit. Der eine bekommt starke Muskeln, weil er immer wieder schwere Kisten trägt. Der andere hat irgendwann einen dicken Bauch, weil er zu viel isst.

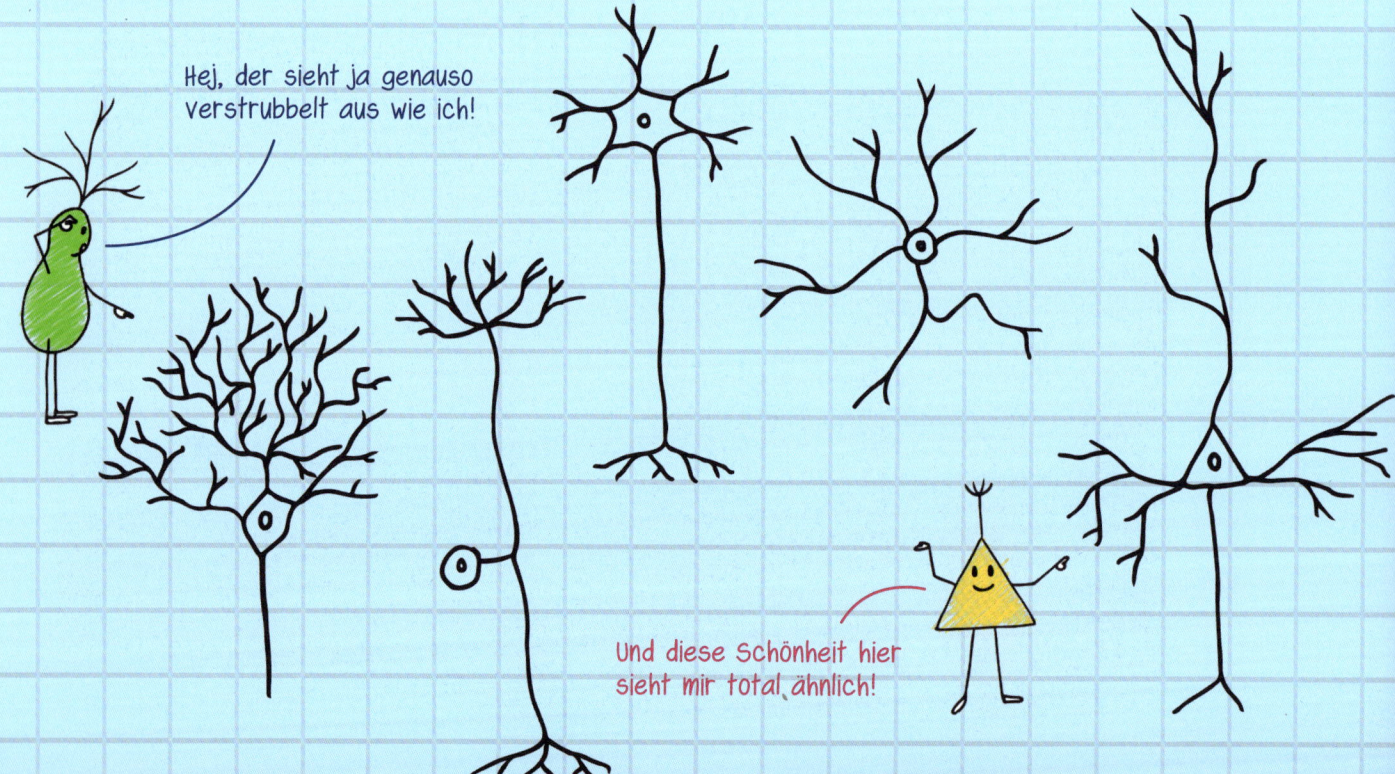

Hej, der sieht ja genauso verstrubbelt aus wie ich!

Und diese Schönheit hier sieht mir total ähnlich!

Aber wir sollten nicht die Gemeinsamkeiten übersehen: Alle Nervenzellen bestehen aus einem kleinen Körper, der ein Hundertstel von einem Millimeter groß ist – so groß wie die Spitze einer Stecknadel –, und einer Menge Fortsätzen, die ganz unterschiedlich sein können. Also: ==Nervenzellen bestehen vor allem aus Fortsätzen.==

PYRA: „Den Schönheitswettbewerb gewinnen auf jeden Fall wir ... oder ... besser gesagt: ICH."
PURKI: „Lass uns über was anderes reden. Was gibt es denn für Rekorde?"

Es gibt eine ganze Menge Rekorde, denn: Die Fortsätze der Nervenzellen können sehr lang und sehr dünn sein. ==Die dünnsten sind nur etwa ein Tausendstel von einem Millimeter dick.== Das ist sehr wenig: Wenn man eine solche Nervenzelle auf die Größe eines Kirchturms vergrößern würde, wäre der Fortsatz immer noch gerade mal so dünn wie ein Haar.

PURKI: „Wow, das ist echt ganz schön winzig! Und ein anderer Rekord?"

Nun, der betrifft die Länge der Fortsätze. Denn obwohl die Fortsätze so dünn sind, können sie sehr lang sein. Beim Menschen reicht die längste Nervenzelle vom Zeh bis fast zum Kopf. Das können bei großen Menschen dann schon mal fast zwei Meter sein. Das ist schon sehr rekordverdächtig, oder? Diese Nervenzelle wird übrigens benutzt, wenn man sich den Zeh stößt.

PYRA: „Das mag schon sein, aber bei den Tieren geht es doch noch länger, oder etwa nicht? Lass mich raten: Der Blauwal ist doch ..."

... das größte Tier der Erde, richtig. Und du hast recht: Wie der Mensch ist auch er ein Säugetier und sein Nervensystem dürfte daher ähnlich aufgebaut sein wie unseres.

PYRA: „Dann wäre die längste Nervenzelle von der Flossenspitze bis zum Gehirn ... mal überlegen ... über 25 Meter lang?!?"

Auch da könntest du recht haben ...

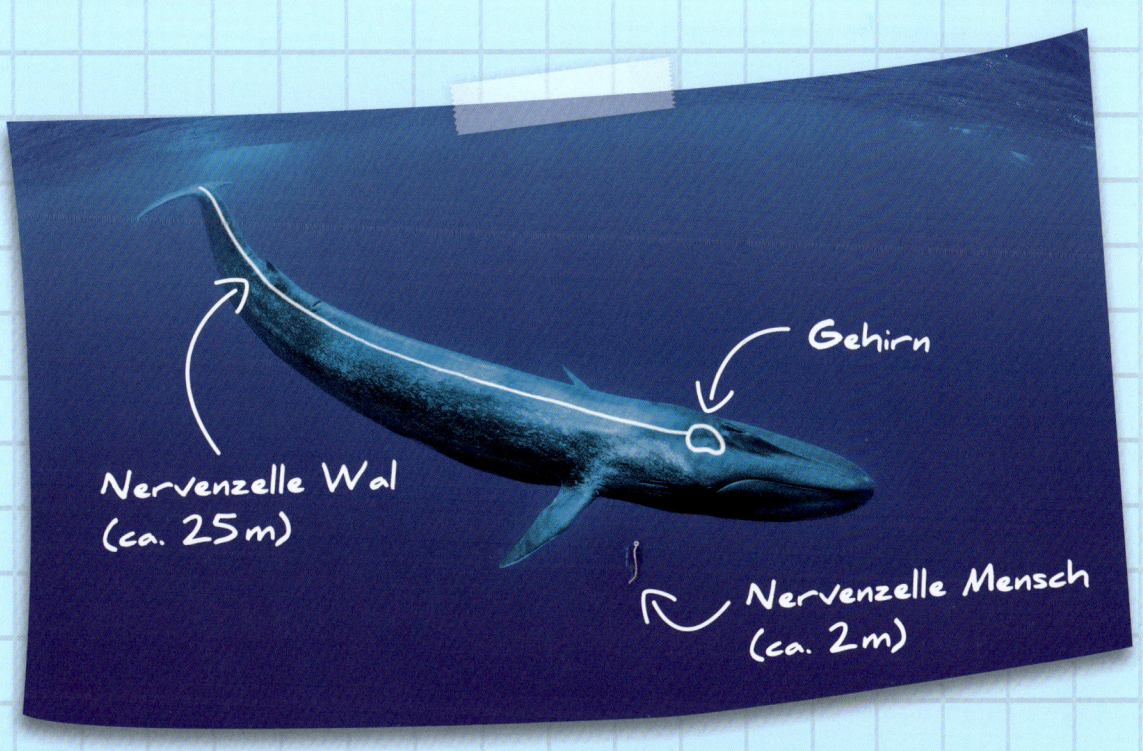

Nervenzelle Wal (ca. 25m)

Gehirn

Nervenzelle Mensch (ca. 2m)

So ist das Gehirn aufgebaut

Das Gehirn wirkt auf den ersten Blick ziemlich glatt und massiv. Wenn man aber einen kleinen Ausschnitt vergrößert, sieht man, dass es ein kompliziertes und an keiner Stelle gleiches Netzwerk ist – das Nervenzellengewebe. Bausteine dieses Gewebes sind die Nervenzellen, die von ihrem kleinen Zellkörper ausgehend lange und oft sehr verzweigte Fortsätze haben. Die Nervenzelle selbst besteht aus einer umhüllenden und fettreichen Trennschicht – der Zellmembran – in der die Eiweißmoleküle sitzen, die jede Nervenzelle zu einem Minicomputer machen.

Das sieht nach einem Riesendurcheinander aus.

Aber jeder Fortsatz liegt an der richtigen Stelle.

Gehirn

Nervenzellengewebe

Das Gehirn sieht wie eine große Walnuss aus.

Ist aber ganz anders aufgebaut.

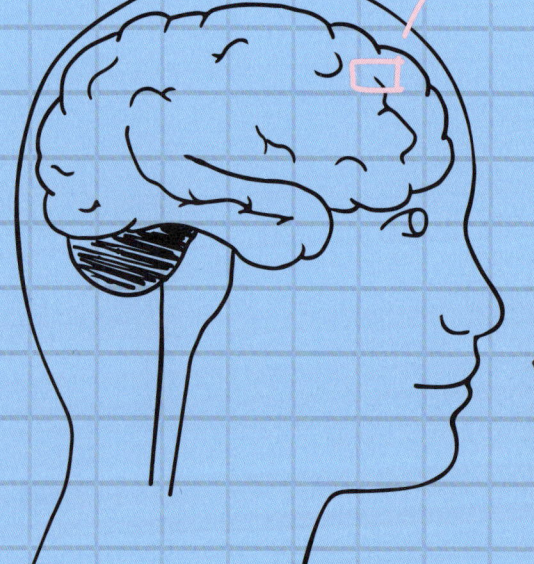

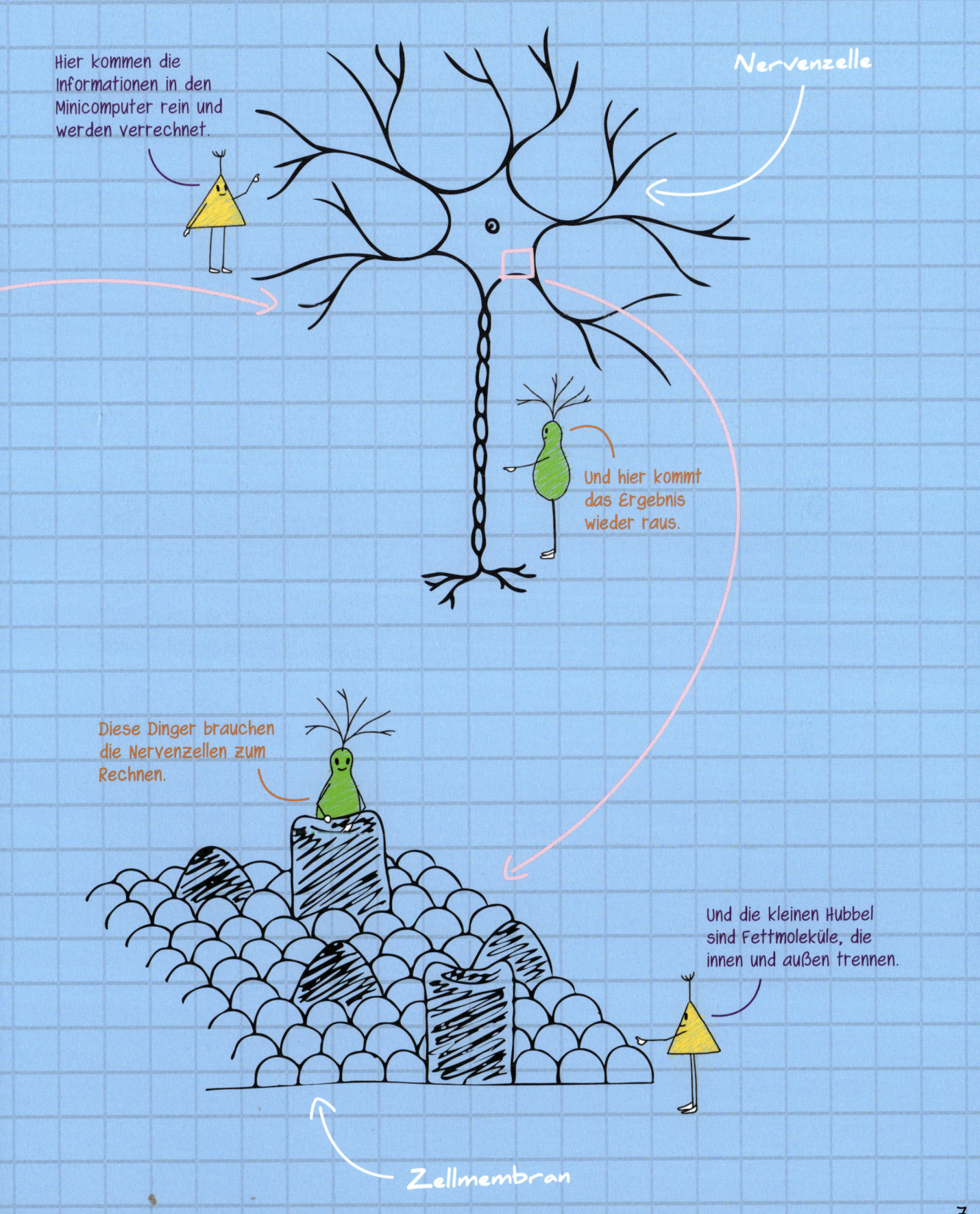

Können Regenwürmer denken?

Das ist eine sehr schwierige Frage, denn: Die Hirnforschung weiß gar nicht genau, wie Denken funktioniert und was Denken überhaupt ist.

PYRA: „Wieso? Das ist doch klar: Beim Lösen einer Matheaufgabe denkt man doch, oder etwa nicht?"

Ja, das ist sicher eine Form des Denkens. Und sogar eine ganz besonders komplizierte. Denn man muss dazu rechnen gelernt haben, man muss Regeln anwenden, die Zahlen im Kopf behalten und so weiter. Dafür sind viele, viele Nervenzellen erforderlich – und die haben ja nicht so viele Gehirne. Deshalb können das zwar Menschen, aber nicht besonders viele Tiere. Selbst bei den Affen können nur die uns am nächsten verwandten Affen, die Menschenaffen wie Schimpansen oder Orang-Utans, einfache Rechenaufgaben lösen. „Kompliziertes Denken" schaffen nur Menschen und Menschenaffen.

PYRA: „Da ist der Regenwurm dann wohl raus … Du sagst „kompliziertes Denken". Aber wie sieht es mit „einfachem Denken" aus?"

„Einfaches Denken" hat oft etwas mit Ja- oder Nein-Entscheidungen zu tun. Deshalb wäre es zum Beispiel ein einfacher Denkvorgang, wenn man entscheidet, ob man einen Knopf drückt oder nicht. Oder ob man die vor einem stehende Nahrung zu sich nehmen möchte oder nicht.

PURKI: „Ha! Wetten, dass das ein Regenwurm kann!?!"

Wette gewonnen! Solche Entscheidungen kann auch ein Regenwurm treffen, der nur ein paar Nervenzellen hat. Für einfaches Denken reichen kleine Gehirne.

PYRA: „Okay, nächste Frage: Warum kann man eigentlich nicht gleichzeitig an zwei Sachen denken?"

Guter Punkt. Die Frage ist ganz berechtigt, denn in jedem Moment trifft unser Gehirn ungefähr tausend Entscheidungen. Das reicht von der Entscheidung bei der Matheaufgabe bis zur Entscheidung, das Herz etwas schneller schlagen zu lassen, wenn man gerade Sport macht.

PYRA: „Herz schneller? Das entscheidet man doch gar nicht!"

Doch, man merkt es nur nicht und denkt nicht bewusst daran. Die meisten Entscheidungen sind unbewusst. Das heißt, sie werden von uns gar nicht wahrgenommen. In der Regel wird uns von alldem, was auf uns einströmt und was unser Gehirn so arbeitet, immer nur eine Sache bewusst.

Denkt doch nur mal an das Lesen. Wenn man liest, dann hört, fühlt und riecht man nichts, sondern man sieht nur. Und wenn man dann durch ein Geräusch gestört wird, hört man zu und hört auf zu lesen oder nimmt das Gelesene nicht mehr wirklich wahr.

PYRA: „Hast du das gehört, Purki? Genau deswegen sage ich immer: Wenn ich lese, möchte ich nicht gestört werden!"

PURKI: „Ja, ja, ist ja gut. Ich versuche, das nächste Mal daran zu denken."

Und so ist es auch bei den vielen Entscheidungen. Man bemerkt auch von den ganzen vielen Entscheidungen immer nur eine bewusst. Das Bewusstsein ist eine große Leistung des menschlichen Gehirns. Dieses Hervorheben nur eines Entscheidungsprozesses ist die Grundlage für Konzentration, Aufmerksamkeit und viele Denkprozesse. Und das ist ein großer Vorteil des menschlichen Gehirns, denn stellt euch nur mal vor, einer unserer Vorfahren hätte das Rauschen der Blätter, den Geruch der Erde und das Grün der Pflanzen genauso wichtig genommen wie das Knurren des Säbelzahntigers, der ihn gerade als fettes Mittagessen ausersehen hatte ...

PURKI: „Oh ja, da sollte er schon das Knurren ernster nehmen. Sonst braucht er sich um sein eigenes Mittagessen auch gleich gar nicht mehr zu kümmern ..."

Und auch für das Konzentrieren auf eine Matheaufgabe ist es besser, nur daran zu denken, als gleichzeitig noch zu entscheiden, was man später essen will, ob man etwas schneller atmen will oder sich mit der Hand die Haare raufen sollte ...

PYRA: „Und wie ist das jetzt beim Regenwurm?"

Wie das beim Regenwurm mit dem Bewusstsein aussieht, wissen wir nicht, denn Bewusstsein ist ein ganz persönliches Erlebnis. Und keiner von uns weiß, wie ein Regenwurm seine Umwelt erlebt. Es ist aber wahrscheinlich, dass ein Regenwurm nur ein sehr viel vermindertes Bewusstsein hat, denn obwohl die Hirnforscher bislang nicht verstehen, wie Bewusstsein entsteht, wissen wir doch, dass es dafür sehr, sehr viele Nervenzellen braucht. So wie beim menschlichen Gehirn. Da hat der Regenwurm einfach zu wenig Nervenzellen.

Also, ich mache heute einfach mal gar nichts.

Daraus wird wohl nichts, du Faulpelz. Wir müssen uns um die Atmung kümmern und um den Herzschlag und ...

Warum ist das Gehirn in der Mitte geteilt?

Also, wenn man von oben auf das Gehirn schaut, dann sieht es tatsächlich so aus, als wäre es in zwei Hälften geteilt:

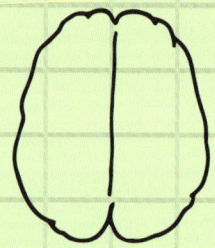

PURKI: „Sieht aus wie ein Popo, wenn du mich fragst. Aber wo ist das Loch, durch das …"

Lass uns lieber weiter über das Gehirn reden … Die sichtbare Teilung betrifft nur den oberen Teil des Gehirns. Sie geht aber nicht durch das ganze Gehirn hindurch, sondern ist nur eine wenige Zentimeter tiefe Furche. Sie ist entstanden, weil sich der linke und der rechte Teil des Gehirns im Laufe der Entwicklung immer weiter vergrößert und ausgestülpt haben. Das ist so wie bei einem Brötchen, bei dem man in der Mitte einen Schnitt in den Teig gemacht hat. Beim Backen geht der Teig dann auf beiden Seiten des Schnittes auf, aber der Schnitt bleibt als tiefste Stelle erhalten. Ich zeige euch das mal auf dem Foto hier:

PYRA: „Also ist das Gehirn gar nicht richtig geteilt?"

Die Furche ist nur eine oberflächliche Teilung. Aber trotzdem verläuft die Teilung durch das ganze Gehirn.

PURKI: „Häääh …?"

Lasst mich einfach mal ausreden, dann versteht ihr das schon: Unser Körper ist symmetrisch aufgebaut. Wir haben eine linke und eine rechte Körperhälfte, also einen linken und einen rechten Arm, ein linkes und ein rechtes Bein, ein linkes und ein rechtes Auge und so weiter. Deshalb brauchen wir auch eine linke Hirnregion, die die eine Körperseite steuert, und eine rechte Hirnregion, die für die andere Körperhälfte zuständig ist. Es gibt also sozusagen eine Arbeitsteilung im Gehirn für die linke und rechte Hirnhälfte.

Oh, toll! Ich liebe frisch gebackene Brötchen!

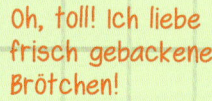

Dabei hat es irgendwann in der Entwicklung bei unseren Vorfahren eine Drehung gegeben: Die linke Hirnseite ist für die rechte Körperseite zuständig und die rechte Hirnseite für die linke. Diese Drehung ist nicht nur für Hirnforscher interessant, sondern ist auch für Ärzte wichtig: Wenn ein Patient auf einmal den linken Arm nicht mehr bewegen kann, weiß der Arzt, dass er bei Verdacht auf eine Erkrankung im Gehirn in der rechten Hirnhälfte suchen muss.

PYRA: „Aber nicht alles lässt sich doch einer Körperseite zuordnen. Oder gibt es auch Linksdenker und Rechtsdenker?"

Nein, gibt es nicht … da hast du recht. Besonders bei den schwierigsten Sachen, die wir schaffen können, gibt es kein „links oder rechts": Für die höchsten Hirnleistungen des Menschen werden beide Hirnhälften gebraucht. Da kann das Gehirn gar nicht auf die Arbeit der Nervenzellen einer Seite verzichten, denn für solche tollen Sachen wie Bewusstsein, Gedächtnis, Planen, Erfinden und eben auch Denken braucht es sehr, sehr viele Nervenzellen. Und das machen dann beide Gehirnhälften gemeinsam. Aber …

PURKI: „Neiiiiin, jetzt sag nicht, dass es schon wieder Ausnahmen gibt! Das macht mich echt fertig …"

Na ja, nicht gerade Ausnahmen, aber doch Hirnfunktionen, die irgendwo dazwischen liegen. Denk doch nur mal an Sprache: Wenn man einen Satz zum Beispiel in einer anderen Sprache sagen will, muss man sich das vorher gut überlegen, was die Arbeit sehr vieler Nervenzellen erfordert und gar nicht so einfach ist. Das Aussprechen der Worte dagegen ist eher eine einfache Hirnaufgabe wie das Bewegen eines Muskels. Dafür braucht das Gehirn dann nicht so viele Nervenzellen. Sprache steht also als Hirnleistung irgendwo zwischen einfach und kompliziert. Vermutlich deshalb kann das Gehirn es sich leisten, dafür nur eine Gehirnhälfte zu benutzen. Denn die sprachlichen Aufgaben wie Verstehen und Sprechen werden von nur einer Gehirnhälfte – nämlich der linken – übernommen.

Wusstest du, …

… dass es gar keine musikalische Hirnhälfte gibt? Und auch keine mathematische? Denn: Dass besondere Leistungen vor allem auf einer Hirnhälfte angesiedelt sind, ist nur ein Gerücht. Aber gibt es dann wenigstens linkshirnige und rechtshirnige Lerntypen? Nein, die gibt es auch nicht. Gerade beim Lernen werden immer beide Gehirnhälften gebraucht.

Kullern die Nervenzellen

im Kopf herum?

Jetzt könnt ihr mir aber auch mal etwas beantworten: Warum könnt ihr überhaupt hier sein?

PURKI: „Wie meinst du das?"

Na ja: Jede Nervenzelle hat ihren festen Platz im Gehirn. Und wenn sie den verlassen könnte, dann gäbe es ein ganz schönes Durcheinander, denn wenn Glieder in einer Kette ausfallen, dann funktioniert die ganze Kette nicht mehr.

PURKI: „Das stimmt. Und deshalb hat jeder von uns einen ganz festen Sitzplatz. Ich sitze neben Otto 493 und ..."

PYRA: „Nun lass mich mal: Viele Fortsätze von uns Nervenzellen sind viel zu lang, um sie selbst noch halten zu können. Überleg mal, lieber Herr Professor: Wenn du eine Nervenzelle wärst, müsste dein Arm 50 Meter lang sein."

PURKI: „Und deshalb haben wir Freunde. Die heißen Gliazellen und helfen uns, all unsere wunderschönen Fortsätze in Form zu halten."

Die Gliazellen sind nach den Nervenzellen die wichtigsten Zellen im Gehirn. Sie stützen und halten die Fortsätze der Nervenzellen und füllen dabei das Gehirn fast ganz aus. Deshalb gibt es ganz viele von ihnen. So gibt es etwa noch mal so viele Gliazellen wie Nervenzellen.

PYRA: „Also ein Gliazellen-Diener für mich, das finde ich okay. Bin ja auch eine Königin."

PURKI: „Und ich sterbe bald vor Lachen, du Witzbold."

Wusstest du, ...

... dass es unter den Gliazellen im Gehirn auch Fresszellen gibt? Die Mikrogliazellen gehören — wie der Name schon sagt — zu den Gliazellen und sind die beweglichsten Zellen im Gehirn. Mit einer unglaublichen Geschwindigkeit von 0,1 Millimeter pro Stunde durchkämmen sie ihr sandkorngroßes Territorium und untersuchen, ob dort etwas zu beseitigen ist.

Die Gliazellen sind aber nicht nur verlässliche Stützen, sie helfen auch bei anderen Aufgaben. Dazu gehört etwa das Isolieren, das die Nervenzellen für ihre Rechenfunktion brauchen, denn die Nervenzellen arbeiten elektrisch. Mit der Isolierung der Fortsätze werden Kurzschlüsse vermieden und so wird die Geschwindigkeit der Verrechnung erhöht. Dazu wickelt sich dieser Typ von Gliazelle mehrfach um den Fortsatz der Nervenzelle. Das sieht ein bisschen aus wie Stockbrot. Ich zeig' euch das hier drüben mal schnell.

PURKI: „Oh ja, und ich kann dir sagen: Man fühlt sich gleich viel besser mit so einer schönen Gliazelle um sich herum …"

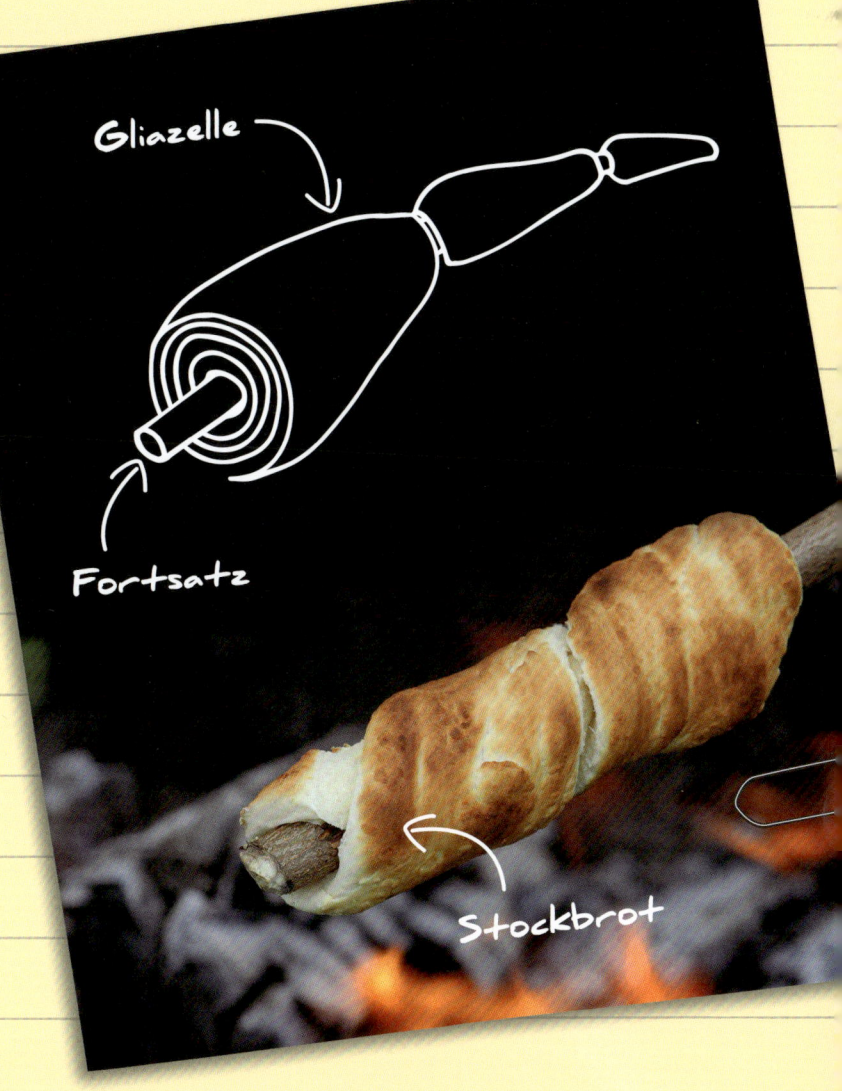

Ich kann es mir vorstellen. Und das schafft viel Isoliermaterial zwischen den Fortsätzen der Nervenzellen und der Flüssigkeit, die die Nervenzellen umgibt. Wie wichtig diese Umhüllung ist, zeigt sich auch bei einer Erkrankung, bei der diese Hüllschichten an einigen Stellen angegriffen werden. Die Krankheit nennt man Multiple Sklerose und sie kann zu Lähmungen, Blindheit und anderen Störungen führen. Isolieren ist also wichtig für das Gehirn.

PYRA: „Aber das ist immer noch nicht alles. Meine Diener sind auch tapfere Kämpfer! Sie helfen dabei, Eindringlinge wie Bakterien zu bekämpfen."

Das stimmt. Und sie helfen den Nervenzellen bei der Ernährung und sorgen dafür, dass die Flüssigkeit, in der sie ruhen, alles hat, was sie braucht.

So, dann sind wir mit den Gliazellen fertig. Es bleibt aber noch meine Frage: Warum seid ihr hier?

PYRA: „… Nennen wir es Urlaub …"

Müssen wir schlafen?

Die Frage macht mich sofort müde. Ich hau' mich dann mal aufs Ohr.

Mach mal. Aber ich bleib' noch wach. Ich will nämlich gerne wissen, was es mit dem Schlafen auf sich hat ...

Ja, wir müssen schlafen – und auch alle Tiere, die ein Gehirn haben, müssen schlafen. Selbst Tiere mit nur ein paar Nervenzellen haben Phasen, in denen sie viel weniger aktiv sind und die wohl unserem Schlaf entsprechen. Bei Tieren mit größeren Gehirnen ist der Schlaf lebensnotwendig. Ratten, die etwa zwei Wochen keinen Schlaf bekommen, sterben und auch beim Menschen verläuft eine Erkrankung tödlich, bei der die Betroffenen nicht schlafen können.

PURKI: „Da werde ich ja gleich noch müder. Also: Gute Nacht!"

PYRA: „Ja, ja, gute Nacht, Purki! Und warum ist das so? Warum geht es nicht ohne Schlaf?"

Das ist nach wie vor ein großes Rätsel der Hirnforschung, aber wir haben schon sehr gute Hinweise für des Rätsels Lösung. Zum einen hängt es mit der großen Lernfähigkeit des Gehirns zusammen. Beim Lernen werden die Verbindungen zwischen den Nervenzellen verstärkt. Wenn das aber immer weiter und weiter gehen würde, dann wären irgendwann alle Verbindungen optimal verstärkt. Und wenn dann etwas Neues kommt, was gelernt werden soll, geht nichts mehr und der Mensch kann nichts mehr lernen. Das ist so wie bei einer Tafel, auf die immer weiter geschrieben wird. Wenn die Tafel nicht ab und zu gelöscht

Wusstest du, ...

... dass Delfine nur mit einer Hirnhälfte schlafen? Die wache Hälfte ist solange für das Auftauchen und Atmen zuständig. Nach ein paar Stunden wird getauscht. Mauersegler verbringen fast ihr ganzes Leben in der Luft – und können auch beim Fliegen schlafen!

Fledermaus:
20 Std. Schlaf

Katze:
13 Std. Schlaf

wird, ist sie irgendwann voll und man kann nichts Neues mehr darauf schreiben. So ein Löschen passiert im Schlaf: Verbindungen zwischen Nervenzellen werden wieder gelöst. Also: Gehirne müssen schlafen, um weiter lernen zu können.

PYRA: „Was passiert denn genau mit dem Körper, wenn man nicht schläft?"

Das sieht man am besten an den Personen, die unter ärztlicher Aufsicht Rekorde im Wachbleiben aufstellen wollten. Der Rekord liegt bei etwa elf Tagen. Zunächst kam die große Müdigkeit, dann reagierte der Körper und setzte Stresshormone frei. Schließlich dann auch ein Überträgerstoff, Dopamin, der mit Glücksgefühlen zu tun hat. Die Personen fühlten sich super und waren etwas überdreht gut gelaunt. Bei noch längerem Schlafentzug nahmen die Störungen der Hirnfunktionen zu: Die Menschen wurden nervös und vergesslich, Lernen ging fast gar nicht mehr. Dann kam es zu richtigem Kranksein: Die Personen zitterten, bekamen Schüttelfrost und sahen Dinge, die es gar nicht gibt. Ein Rekordwütiger hielt zum Beispiel Straßenschilder für Menschen.

PYRA: „Und woran würde man sterben, wenn man nicht schlafen würde?"

Das weiß man nicht so genau. So weit sind die Rekord-Wachbleiber auch nicht gegangen. Vermutlich nimmt die Störung der Hirnfunktion immer mehr zu, bis auch die

Steuerung der Organe betroffen ist. Man würde dann wahrscheinlich an Herzversagen sterben. Das dürfte nach etwa zwei Wochen ohne Schlaf der Fall sein.

PURKI: „Also, ich wäre echt nicht der Typ für Schlafentzug. Viel zu anstrengend … gäääähn … !"

PYRA: „Was machst du überhaupt noch hier, Purki? Ich will noch kurz was wissen: Gibt es noch andere Gründe, warum man schlafen muss?"

Ja, beim Schlafen nimmt die Flüssigkeitsmenge zu, die die Nervenzellen umgibt. Sie kann so besser um die Nervenzellen herumfließen und Abfallstoffe können besser abtransportiert werden. Das ist wie in einem Hafen, in dem die Transportschiffe bei niedrigem Wasserstand viel schwieriger fahren können als bei hohem Wasserstand. Wenn wir nicht schlafen, so glauben die Forscher, werden Abfallstoffe aus dem Gehirn nicht mehr ausreichend abtransportiert. Dann vergiften sich die Nervenzellen und funktionieren nicht mehr richtig.

PYRA: „Schlafentzug ist also totaler Quatsch."

Eigentlich schon. Aber es gibt Ausnahmen: Die Ärzte nutzen den Schlafentzug zum Beispiel bei Patienten, die an Depressionen leiden. Das ist eine Erkrankung, die von großer Traurigkeit bestimmt ist. So kann einigen Patienten geholfen werden, wenn sie weniger Schlaf bekommen, weil dann Dopamin freigesetzt und so das Wohlbefinden gesteigert wird.

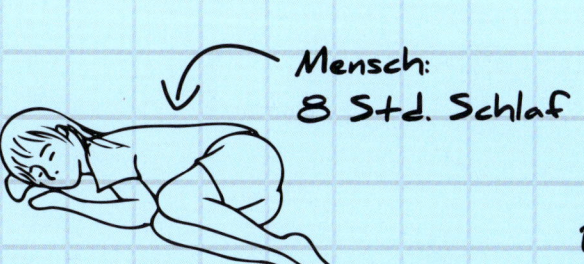

Mensch:
8 Std. Schlaf

Pferd:
4 Std. Schlaf

Warum kann man etwas drei Meilen gegen den Wind riechen?

Eigentlich müsste die Antwort sein: Weil es ganz heftig stinkt. Denn auf so eine Entfernung ist der Geruch ziemlich verdünnt und der Wind pustet die Geruchsteilchen auch noch weg. Also müsste der Geruch schon heftig sein. Ich denke aber, die Frage ist eher, warum wir überhaupt so gut riechen können.

PYRA: „Na, nur nicht übertreiben. Supernasen seid ihr Menschen ja nicht gerade."

Das stimmt. Viele Tiere können besser riechen als der Mensch. Zum Beispiel der Hund. Er hat eine 10-mal so große Riechschleimhaut und etwa 10-mal so viele Geruchszellen in der Nase wie der Mensch. Damit kann er manchmal schon ein einziges Geruchsmolekül in einem Kubikmillimeter Luft riechen. Beim Menschen müssen es tausend Geruchsmoleküle in derselben Luftmenge sein. Aber auch das ist eine tolle Leistung. Manchmal reicht ein tausendstel Gramm einer besonders übel stinkenden Substanz aus, um die Luft einer großen Halle unangenehm riechen zu lassen.

PYRA: „Wenn der Hund 10-mal mehr Geruchszellen hat, aber tausendmal besser riechen kann, muss es noch an etwas anderem liegen."
PURKI: „Typische Streberantwort."

Richtig ... also Pyras Kommentar, meinte ich. Am schlechteren Riechvermögen des Menschen im Vergleich zu vielen Tieren ist das Gehirn schuld, denn: Der Mensch verwendet relativ wenig Gehirnkapazität für die Geruchswahrnehmung. Ich male mal das Riechsystem auf:

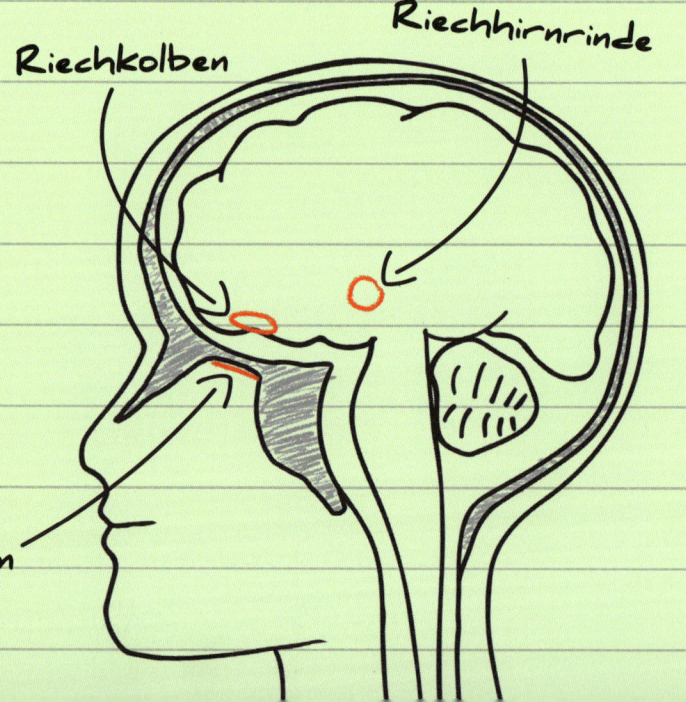

Riechkolben

Riechhirnrinde

Geruchszellen

Es sind ziemlich kleine Teile des Gehirns, vor allem wenn man das mit den Hirnabschnitten vergleicht, die für Sinne wie Sehen oder Hören zuständig sind. Das hängt damit zusammen, dass wir das Riechen nicht mehr so dringend brauchen wie unsere Vorfahren. Die mussten am Geruch erkennen, ob Nahrung gegessen werden konnte oder schon verdorben war. Das Problem haben wir in der Regel nicht – oder es reicht ein Blick auf das Haltbarkeitsdatum.

Daher hat sich unser Gehirn im Lauf der Zeit angepasst: Eine Reihe von Hirnanteilen, die bei Tieren noch Gerüche verarbeiten, werden beim Menschen anders genutzt: nämlich für Gefühle. Diese Entwicklungsgeschichte ist auch der Grund dafür, dass wir Gerüchen kaum unbeeindruckt gegenüberstehen können und bei Düften sehr schnell Vorlieben oder auch Abneigungen haben – und dass Düfte unbewusst unser Verhalten verändern können.

PYRA: „Das stinkt mir, dass du schon wieder abschweifst. Warum könnt ihr trotzdem ganz gut riechen?"

Weil das Riechsystem etwas ganz Cleveres ist: In der Riechschleimhaut der Nase sitzen Geruchszellen. Das sind spezielle Nervenzellen, die auf ihrer Oberfläche Bindungsstellen für jeweils ein Geruchsmolekül haben. Insgesamt gibt es etwa 350 verschiedene Typen von Geruchszellen. Wenn ein Geruchsmolekül angedockt hat, löst es Stoffwechselaktivitäten in der Geruchszelle aus, die zu elektrischen Impulsen führen. Diese Impulse laufen über die Fortsätze der Geruchszellen direkt in die Riechkolben des Gehirns, wo alle Geruchszellen desselben Typs – das sind etwa einhundert – auf die gleiche Nervenzelle geschaltet werden. Jede dieser Nervenzellen steht also für einen Geruchstyp.

PURKI: „Also schafft ihr nur ein paar Hundert Gerüche?!?"

Nein, wir können viel mehr verschiedene Düfte und Gerüche unterscheiden, weil die Nervenzellen Muster bilden können. Also: Nervenzelle 1 = Geruch A, Nervenzelle 2 = Geruch B, Nervenzelle 3 = Geruch C, Nervenzellen 1 und 2 gleichzeitig = Geruch D, Nervenzellen 1, 2 und 3 gleichzeitig = Geruch E und so weiter. Von hier ziehen die Nervenzellfortsätze in den vorderen Bereich des Gehirns, wo die Hirnrinde für das Riechen liegt, aber auch in andere Bereiche der Hirnrinde und in tiefer liegende Strukturen, die mit Gefühlen zu tun haben. Zu kompliziert? Kann ich verstehen. Ich male es mal auf:

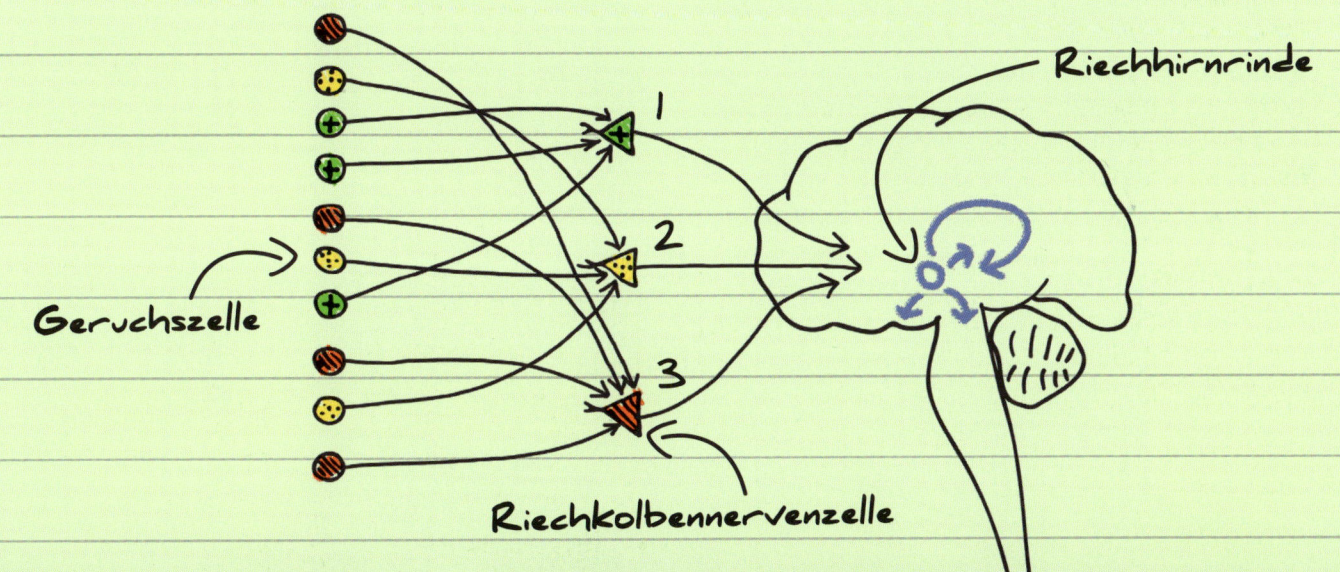

Geruchszelle

Riechkolbennervenzelle

Riechhirnrinde

Was ist das Schwierigste für das Gehirn?

Das Schwierigste für das Gehirn? Also, das ist zunächst mal das, was das Gehirn schlecht kann. Völlig gleiche Wiederholung derselben Sachen zum Beispiel oder …

PURKI: „Das ist doch nicht gemeint. Klar, dass ein Fußballspieler nicht gut in Ballett ist. Aber was ist das Schwierigste beim Fußballspielen? Capito?"

Ach so. Ihr meint, was für das Gehirn von den Sachen, in denen es schon besonders gut ist, wiederum das Schwierigste ist.

PYRA: „Richtig. Ich wette, es ist Mathematik."
PURKI: „Klar, bei dir schon. Bei mir ist es eher das Dichten von Sonetten …"

Jetzt habe ich es verstanden. Also: Am schwierigsten für das Gehirn ist die gleichzeitige Aktivierung verschiedener Gehirnsysteme. Und bevor ihr mir wieder sagt, dass ich unverständlich rede, nenne ich euch gleich ein Beispiel: Musikmachen gehört zu den schwierigsten Tätigkeiten des Gehirns. Denn dazu müssen gleichzeitig und aufeinander abgestimmt verschiedene Teilsysteme des Gehirns tätig sein: Hören (was man spielt), Sehen (welche Noten man spielen soll), Fühlen (wie stark man die Tasten oder die Saiten berührt), Bewegen (die Finger und Arme), Gefühle ausdrücken (sonst ist es keine Musik) und Erinnern.

PYRA: „Wieso ist Erinnern für die Musik wichtig? Man kann doch auch nach Noten spielen."

Auch dann ist Erinnern wichtig. Beispiel Klavier: Vom Sehen der Note bis zum Herunterdrücken der Klaviertaste vergeht mehr als eine Zehntelsekunde. Denn die Leitung einer Information über den Fortsatz einer Nervenzelle dauert mindestens zehn Tausendstelsekunden und jeder Verrechnungsschritt an den Kontaktstellen zwischen zwei Nervenzellen dauert zwei Tausendstelsekunden. Hinzu kommt die Umsetzung des Notenbildes in ein elektrisches Signal im Auge und das Zusammenziehen des Muskels, der den Finger bewegt. Rechnet doch mal zusammen. Das dauert mehr als eine Zehntelsekunde, manchmal sogar fast eine halbe Sekunde:

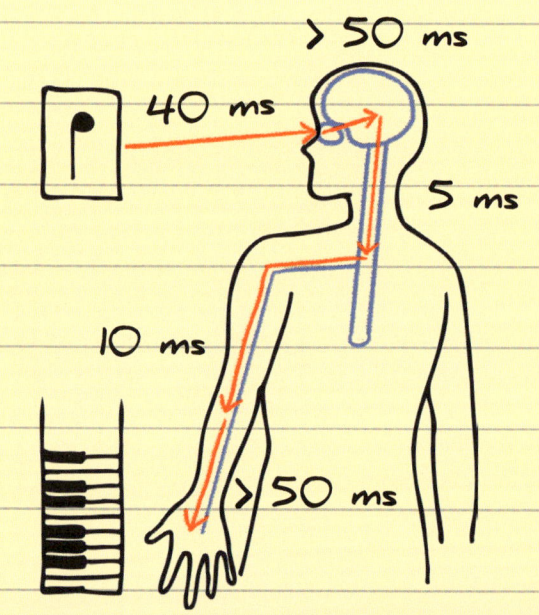

In einer Sekunde könnte man also nur ganz wenige Töne spielen. Manche Pianisten schaffen aber auch 20 Anschläge in der Sekunde. Wie sie das schaffen? Man kann schneller spielen, wenn die einzelnen Fingerbewegungen zu Bewegungsprogrammen zusammengefasst werden. Das heißt, der Blick auf die Noten löst nicht nur eine einzelne Fingerbewegung, sondern hintereinander gleich eine ganze Reihe von Bewegungen aus. Dadurch spart man Zeit. Aber nur wenn man sich gemerkt hat, was für Noten auf dem Blatt stehen und wie man die Muskeln schnell hintereinander aktiviert. Das muss man lernen und daran muss man sich erinnern, auch wenn die Noten direkt vor der Nase stehen. Deshalb spielt man die Musikstücke am Anfang langsam und wird beim Üben durch das zunehmende Bilden von Bewegungsprogrammen immer schneller.

PYRA: „Ehrlich gesagt klingt das ziemlich nach Schwerstarbeit für das Gehirn."
PURKI: „Bekommt das Gehirn dann auch Muckis und wird dicker? Wie mein toller Bizeps hier?"

Tatsächlich ist es so: Man kann dem Gehirn ansehen, ob es viel Musik macht. Bei Berufsmusikern sind die Verbindungen zwischen den beiden Hirnhälften stärker ausgeprägt als normal, weil die linke und rechte Hand beim Musizieren genau aufeinander abgestimmt sein müssen. In Extremfällen sieht man sogar etwas beim Blick von außen auf das Gehirn: Bei Berufspianisten kann man eine Vergrößerung der Hirnrinde für die Bewegung der Finger der rechten Hand sehen (denn die schwierigen Stellen haben die Komponisten fast immer für die rechte Hand vorgesehen). Bei Berufsgeigern tritt das auch auf, allerdings auf der anderen Hälfte des Gehirns, denn

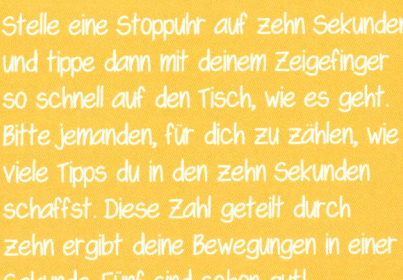

Versuch's mal

Stelle eine Stoppuhr auf zehn Sekunden und tippe dann mit deinem Zeigefinger so schnell auf den Tisch, wie es geht. Bitte jemanden, für dich zu zählen, wie viele Tipps du in den zehn Sekunden schaffst. Diese Zahl geteilt durch zehn ergibt deine Bewegungen in einer Sekunde. Fünf sind schon gut!

die Fingerbewegungen macht man bei der Geige mit der linken Hand. Das sieht ungefähr so aus:

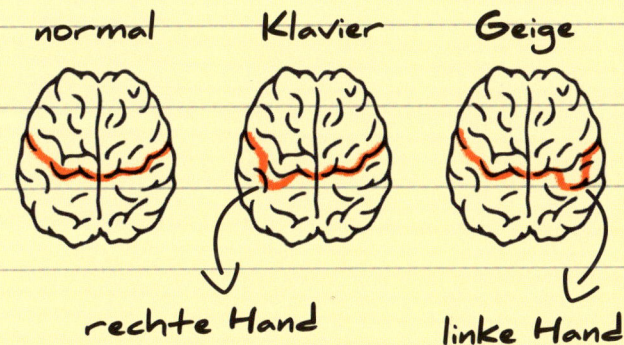

normal — Klavier — Geige

rechte Hand — linke Hand

Wenn man nicht so viel spielt wie die Profis, kann man das Musizieren dem Gehirn nicht von außen ansehen. Aber: Der Bereich von Nervenzellen, der bei Fingerbewegungen aktiviert wird, ist größer als normal, weil mehr Nervenzellen für die schwierigen und schnellen Bewegungen der Finger eingesetzt werden. Sehr eindrucksvoll zeigt das der Hornist Felix Klieser, der ohne Hände geboren wurde. Durch langes Üben sind so viele Nervenzellen für die Steuerung der Zehenbewegungen hinzugekommen, dass er die Klappen des Horns mit seinen Zehen so schnell drücken kann wie andere Hornisten mit ihren Fingern.

Was ist Demenz?

Das wird häufig verwechselt: Demenz ist keine Krankheit, sondern bezeichnet den eingeschränkten geistigen Zustand eines Menschen.

PURKI: „Na ja, so entscheidend dürfte das ja nicht sein. Eher wieder so eine Hirnforscher-Spitzfindigkeit."

Nein, den Unterschied halte ich schon für wichtig. Denn Demenz kann durch Krankheiten entstehen, aber auch durch andere Ursachen.

PURKI: „Stopp! Bevor du hier in Fachdiskussionen abtauchst: Kannst du nicht erst mal sagen, was mit dieser Einschränkung des geistigen Zustands gemeint ist?"

Gerne. Also: Bei der Demenz sind eine Reihe von höheren Hirnfunktionen schlechter als normal. Besonders auffällig ist dabei die Störung des Gedächtnisses. Die Betroffenen können sich oft sehr schlecht an das erinnern, was vor Kurzem gewesen ist, während lange Zurückliegendes besser erinnert wird. Also ist am Abend der Nachmittagsausflug in den Park vergessen, während die Namen der Grundschullehrerinnen nach wie vor genannt werden können.

Es kommt aber noch anderes hinzu: Denken, Urteilen, Sprechen und Orientieren funktionieren schlechter. Die Betroffenen sprechen wenig und haben einen kleinen Wortschatz, wiederholen oft dieselben einfachen Sätze. Entscheidungen wie zum Beispiel die Auswahl des Essens sind schwierig und dauern sehr lange. Nachdenken, zum Beispiel über mathematische Aufgaben, oder Planungen von Reisen sind kaum mehr möglich. Und die Menschen finden sich räumlich schlechter zurecht: Der Weg nach Hause wird zum Beispiel nicht mehr gefunden und beim Einkaufen im Supermarkt brauchen sie einen Lageplan, um die einzelnen Lebensmittel zu finden. Viele dieser Beeinträchtigungen werden dabei durch die schlechte Merkfähigkeit bewirkt: Die verminderte Gedächtnisleistung ist die Hauptstörung bei der Demenz.

Wo habe ich nur meinen Fußball gelassen??

PURKI: „Wenn ich mich nicht an den ganzen Mist erinnere, dann lebe ich doch völlig unbeschwert."

PYRA: „Das glaubst auch nur du, du demen… ähm, na ja, … du doofe Nervenzelle."

Glücklich sind die von Demenz Betroffenen meistens nicht. Vor allem alte Menschen, die eine Demenz bekommen, sind teilnahmslos und traurig bis hin zur Depression. Bei angeborener Demenz oder Demenz im Kindesalter kann das anders sein und die Betroffenen können sehr zufrieden mit ihrer Situation sein.

PYRA: „Es gibt also verschiedene Ursachen für Demenz?"

Ja, Demenz kann durch Erkrankungen kommen, die Nervenzellen im Gehirn schädigen oder zerstören. Das können Infektionen sein, die zu Entzündungen im Gehirn führen, oder Stoffwechselstörungen, bei denen sich Abbauprodukte im Körper und dann auch im Gehirn ansammeln. Demenz kann aber auch auftreten, wenn die Hirnrinde bei der Entwicklung eines Babys nicht richtig aufgebaut wird oder wenn die Nervenzellen der Hirnrinde durch Sauerstoffmangel bei der Geburt Schaden nehmen. Durch die Einnahme von Drogen und viel Alkohol wird man auch dement, weil solche Substanzen giftig für die Nervenzellen der Hirnrinde sind. Und schließlich gibt es noch so etwas

wie eine zeitweise Demenz, die zum Beispiel bei Jugendlichen in Phasen der Pubertät kommt und von allein wieder verschwindet.

PYRA: „Okay, okay. Das sind ja ganz schön viele Ursachen. Was ist denn die häufigste Demenz?"

Das ist die Altersdemenz. Mit höherem Lebensalter funktioniert das Gehirn nicht mehr so gut. Wie bei einem alten Auto, das dann die eine oder andere Macke hat, weil die Bauteile etwas abgenutzt sind. Deswegen lässt auch das Gedächtnis im Alter etwas nach. Das ist aber für die meisten alten Menschen normal und keine Demenz. Manchmal ist dieses Nachlassen aber durch einen krankhaften und noch unbekannten Prozess verstärkt. Dann entsteht Demenz und zwar die Demenz vom Typ Alzheimer.

PURKI: „Als-was-für-ein-Eimer?"

Na, da blättere mal um. Das ist nämlich die nächste Frage.

Vielleicht schaust du mal in deinem Rucksack nach, Purki!

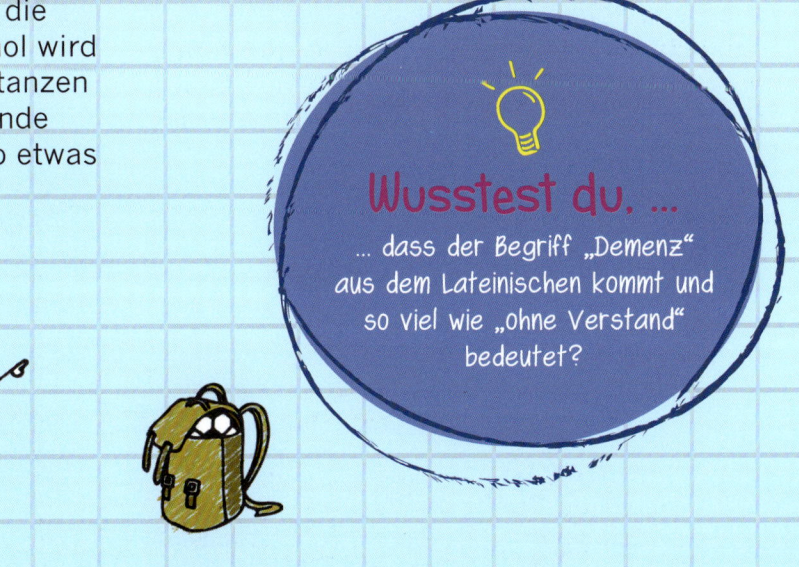

Wusstest du, …

… dass der Begriff „Demenz" aus dem Lateinischen kommt und so viel wie „ohne Verstand" bedeutet?

Was ist Alzheimer?

Alzheimer ist zunächst mal nur der Name eines Arztes: Alois Alzheimer. Er hat eine Krankheit des Gehirns entdeckt, die zu Demenz führt. Diese besondere Erkrankung wurde nach ihm benannt: die Alzheimersche Erkrankung.

PURKI: „Kann man denn einfach so eine neue Krankheit nach sich selbst nennen?"

Manchmal schon, aber in diesem Fall war es sogar anders. Denn der Chef von Alois Alzheimer hat die neu entdeckte und damals ganz seltene Erkrankung des Gehirns nach Alzheimer benannt. Was er nicht ahnte, war, wie häufig die Erkrankung einmal werden würde. Allein in Deutschland sind mehr als eine Million Menschen erkrankt. Weltweit sind es bald über 50 Millionen. Deshalb ist Alzheimer auch der weltweit bekannteste deutsche Name.

PYRA: „Warum ist sie denn so häufig geworden?"

Das Risiko, an der Alzheimerschen Erkrankung zu erkranken, steigt mit dem Lebensalter. Unter 65 Jahren ist sie sehr selten. Aber ein Prozent aller 65-Jährigen ist erkrankt und ab da verdoppelt sich die Erkrankungsrate alle fünf Jahre: zwei Prozent aller 70-Jährigen, vier Prozent aller 75-Jährigen, acht Prozent aller 80-Jährigen und so weiter. Und immer mehr Menschen werden sehr alt: Heute liegt die Lebenserwartung bei über 80 Jahren. Zu Alzheimers Zeit wurden die meisten Menschen nicht älter als 50 Jahre. Er war richtig auf der Suche nach Erkrankten und hat in seinem Leben dennoch nicht viel mehr als zehn Erkrankte gefunden.

PURKI: „Was war denn nun das Besondere, das Alois Alzheimer fand?"

Alois Alzheimer hatte eine Patientin, Auguste Deter, die gerade mal 50 Jahre alt war und wegen geistiger Verwirrung in die Klinik kam. Alzheimer stellte bei ihr vor allem eine schwere Gedächtnisstörung fest. Die Erkrankung verschlimmerte sich immer mehr und Auguste Deter starb. Alois Alzheimer untersuchte ihr Gehirn nach ihrem Tod und entdeckte etwas:

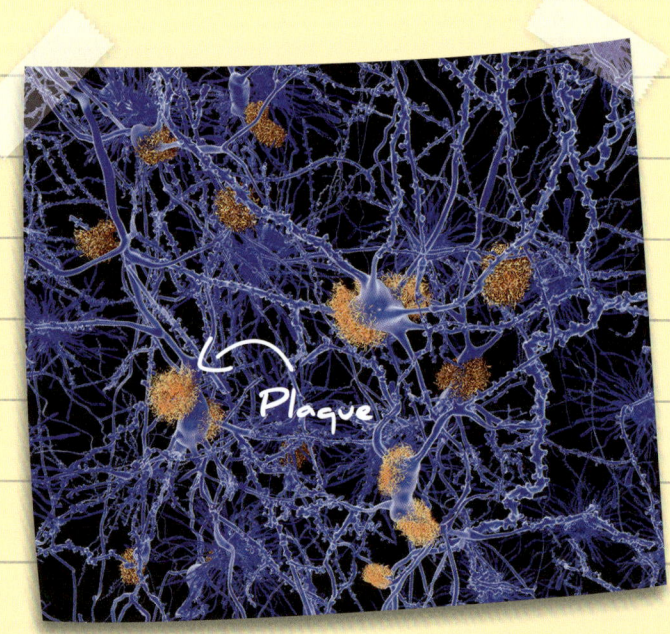

Plaque

PURKI: „Na ja, das sind ... Nervenzellen ...?!?"

PYRA: „Ach, Purki, an dir ist echt KEIN Wissenschaftler verloren gegangen. Sieh doch mal genau hin ... Kommt dir da nicht was komisch vor? Die braunen Knubbel da, an denen „Plaque" steht."

Genau, das hat auch Alois Alzheimer entdeckt. Die braunen Knubbel sind fleckartige Ansammlungen einer eiweißartigen Substanz zwischen den Nervenzellen, die man Alzheimer-Plaques nennt. Auch in den Nervenzellen fand er eine Veränderung: ungewöhnliche Bündel von winzigen Stäbchen. Was er aber vor allem sah, war: Viele Nervenzellen in der Hirnrinde waren kaputt. Die Hirnforscher versuchen bis heute herauszufinden, warum es diese Veränderungen gibt und ob sie die Nervenzellen kaputt machen. Wenn man das wüsste, könnte man die Krankheit behandeln oder vielleicht sogar heilen.

PURKI: „Und: Hat man das verstanden?"

Nein. Und wir wissen auch nicht, ob wir kurz vor dem Ziel stehen. Oder ob die sichtbaren Veränderungen im Gehirn vielleicht auch nur eine Art letzte Stufe von Müll darstellen. So wie man beim Betrachten von Metallmüll auf dem Schrottplatz auch nicht versteht, wie Autos gebaut werden.

PYRA: „Warum ist Alzheimer denn eigentlich so schlimm?"

Wenn nach vielen Jahren die ersten Störungen auftreten, betreffen sie zunächst das Gedächtnis. Die Erkrankten können sich zunächst nur noch ganz schlecht neue Dinge merken. So vergessen sie, wo sie das Auto geparkt haben oder was sie einkaufen wollten. Das nimmt dann immer mehr zu. Im Gehirn gehen immer mehr Nervenzellen

kaputt. Dadurch wird das Gehirn kleiner und die Furchen in der Hirnrinde tiefer und breiter. So wie ein Walnusskern, wenn er vertrocknet. Schaut mal:

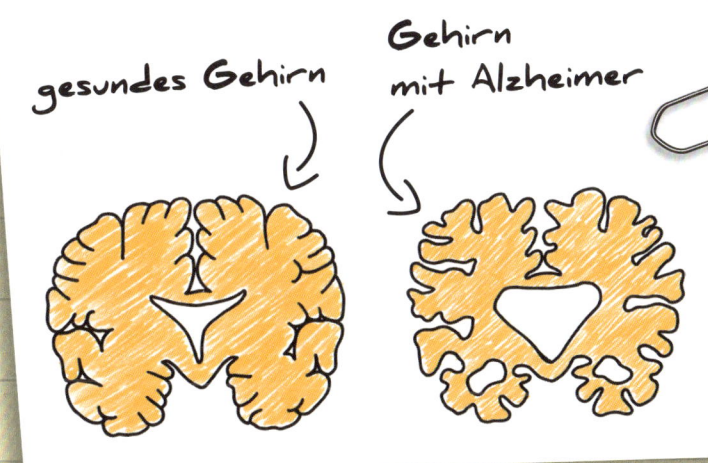

gesundes Gehirn

Gehirn mit Alzheimer

Dann wissen die kranken Menschen nicht mehr, wo die Sachen im Supermarkt stehen, sie vergessen den Weg nach Hause und schließlich auch, wie man spricht und wer ihre Verwandten sind. Zum Schluss vergisst ihr Gehirn auch, wie die Organe gesteuert werden – und dann sterben sie.

PYRA: „Und dagegen kann man gar nichts tun?"

Es gibt einige Medikamente, aber so ein richtig gutes haben wir leider noch nicht. Aber wir wissen etwas anderes, nämlich dass man sich vor der Alzheimerschen Erkrankung schützen kann: durch Sport, gesunde Ernährung und Fithalten des Gehirns, also indem man Dinge tut, die für das Gehirn schwierig sind, zum Beispiel ein Instrument zu spielen oder zu tanzen.

PYRA: „Alles klar. Also runter vom Sofa, Purki! Jetzt wird getanzt!"

Wie kann das Gehirn glücklich sein?

Das ist jetzt mal wieder so eine Frage, bei der ich als Hirnforscher sagen muss, dass Glück ein Gefühl des Menschen ist – und nicht des Gehirns. Das Gehirn selbst hat keine Gefühle, vielleicht macht es sie und sicher spielt das Gehirn beim Erleben der Gefühle eine wichtige Rolle. Aber: Das Gehirn kann nicht glücklich oder unglücklich sein.

PYRA: „Nun sei kein Spielverderber. Du weißt genau, was gemeint ist: Wodurch entsteht das Glücksgefühl im Gehirn?"

Danke, Pyra. Das ist eine Frage, mit der ich als Hirnforscher umgehen kann. Obschon wir darüber noch gar nicht so viel wissen. Aber zumindest zu Gefühlen ganz im Allgemeinen haben die Hirnforscher schon einiges herausbekommen. So wissen wir zum Beispiel, wo die Bereiche im Gehirn liegen, die mit Gefühlen zu tun haben:

Die Bereiche habe ich gestrichelt, weil sie nicht in der außen liegenden Hirnrinde, sondern im Inneren des Gehirns liegen. Dabei sind auch Bereiche, die ebenfalls für das Riechen benutzt werden. Das deutet schon auf eine Besonderheit bei den Sinnen hin: Gerüche lösen besonders leicht Gefühle aus. So ekeln wir uns vor dem einen Geruch und werden vielleicht durch einen anderen entspannt. Andere Teile des Gehirns, die mit Gefühlen zu tun haben, sind auch an der unbewussten Steuerung von Organfunktionen beteiligt. Deshalb lässt uns das Glücksgefühl schneller atmen und das Herz schneller schlagen. Also: Gefühle lösen unbewusste Körperreaktionen aus.

PURKI: „Und was soll diese Amyda-dings da sein?"

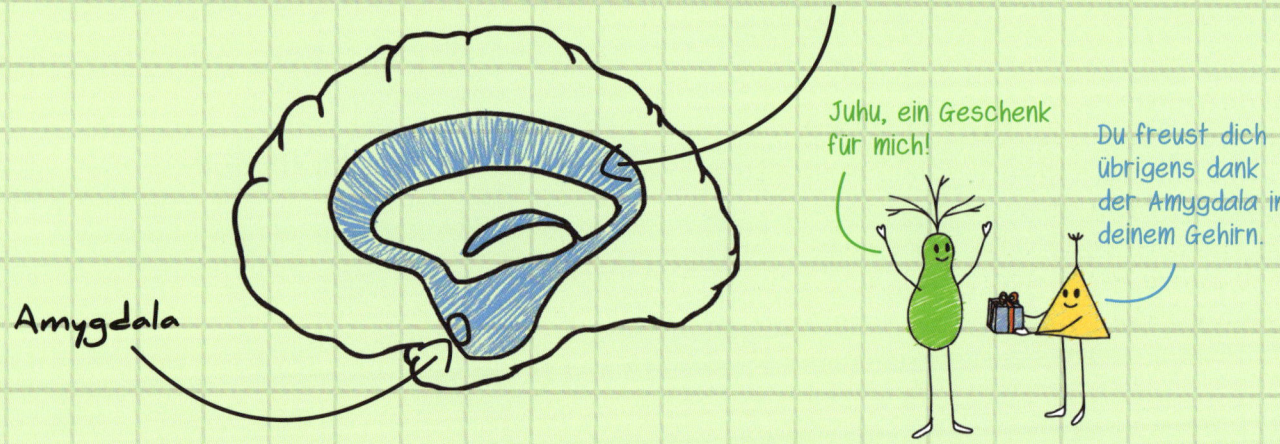

Gefühlsregionen

Amygdala

Juhu, ein Geschenk für mich!

Du freust dich übrigens dank der Amygdala in deinem Gehirn.

Amygdala. Das ist ein kleiner Bereich, der ein wichtiges Zentrum für Gefühle ist. Wenn man ihn elektrisch reizt, bekommen die Menschen Angst. Und Schäden in dieser Region führen zu verändertem Verhalten. Außerdem ist die Amygdala auch in das Belohnungssystem des Gehirns eingebunden, das bei Geschenken oder Erhöhung des Taschengeldes aktiv wird und Substanzen freisetzt, die zu kurzzeitigen Glücksgefühlen führen.

PYRA: „Welche Substanzen führen denn zu Glück?"

Substanzen wie der Überträgerstoff Dopamin oder drogenähnliche körpereigene Substanzen sind wichtig bei der Entstehung der Glücksgefühle. Nur dass man sie sich nicht selbst verabreicht, sondern dass das Gehirn sie in bestimmten positiven Situationen selbst herstellt. So wissen wir, dass langes Joggen zur Produktion solcher Substanzen führt. Deshalb sind Jogger auch oft so mies drauf, wenn sie nicht laufen können: Weil dann schlicht und einfach die glücklich machenden Substanzen nicht produziert werden.

PURKI: „Also her mit dem Zeug. Ich will eine Portion Glück."

So einfach ist das nicht. Denn diese Stoffe wirken so nur im Gefühlssystem des Gehirns. An anderer Stelle haben sie im Gehirn andere Funktionen. So ist Dopamin auch ein Überträgerstoff bei der Bewegungssteuerung, was gar nichts mit Gefühlen zu tun hat. Wenn man also solche Substanzen einfach einnimmt, kann das eine ganze Reihe unerwünschter Wirkungen an anderen Stellen des Gehirns haben.

Das kennen wir von Drogenabhängigen, bei denen dann einiges nicht mehr richtig funktioniert.

Außerdem hat das Belohnungssystem noch die unangenehme Eigenschaft, dass es leicht abstumpft: Das Glücksgefühl ist nur von kurzer Dauer und verlangt bald nach Wiederholung und nach mehr. Deshalb macht das erste Taschengeld Glücksgefühle, das zehnte oder zwanzigste aber nicht mehr.

PURKI: „Darf ich dir mal was sagen: Du laberst gerade ganz schön rum."
PYRA: „Ja, finde ich auch. Richtige Hirnforschung ist das nicht."

Da habt ihr wohl recht, aber das liegt einfach daran, dass die Hirnforschung über so große Sachen wie Glück noch wenig weiß und dass wir nicht einmal wissen, ob Glück nur eine Funktion des Gehirns ist oder …

PURKI: „… oder…"

der Seele. In der Arbeit eines Hirnforschers ist kein Platz für die Seele, weil wir mit unseren Methoden so etwas nicht sehen oder messen können. Das heißt aber nicht, dass es keine Seele gibt.

PYRA: „Das ist doch Quatsch. Was man nicht sehen oder messen kann, das gibt es auch nicht. Das sagt mir mein gesunder Nervenzellenverstand."

Okay, dann zeig mir mal deinen „Verstand". Du kannst ihn hier direkt auf den Tisch legen.

PYRA: „Äh…"
PURKI: „Hi, hi … 1:0 für den Herrn Professor!"

Müssen Nervenzellen auch mal aufs Klo?

Ooops, Entschuldigung!

Ppppffff

Also wirklich, Purki! Musste das jetzt sein?

Nervenzellen geben Stoffe, die sie nicht mehr brauchen, wieder ab. Allerdings nicht so wie der Mensch, der auf die Toilette geht und über Urin und Stuhl die Abfallstoffe abgibt.

PURKI: „Stimmt. Ich geh' nie aufs Klo! Ich lass alles raus, wo und wann ich will!"

Wie schön! Ich hätte es nicht besser sagen können. Nervenzellen geben ständig und über ihre gesamte Oberfläche Stoffe ab, die sie nicht mehr brauchen. Diese werden dann mit dem Blut wegtransportiert und über die Nieren, den Darm und die Lunge ausgeschieden. Der wichtigste Abfall der Nervenzellen ist Kohlendioxid.

PYRA: „Ha, da möchte ich gerne einhaken! Kohlendioxid ist nämlich eigentlich ein Gas, müsst ihr wissen. Es wird aber im Blut gelöst und sieht dann gar nicht mehr „gasig" aus."

PURKI: „Koh-len-di-oxid, ist das nicht das, was auch die Limonade so bubbelig und spritzig macht?"

Genau. In der Limoflasche ist das Kohlendioxid in der Limonade gelöst. Man sieht die Gasblasen erst, wenn die Flasche geöffnet und geschüttelt wird. So ähnlich passiert das auch im Körper in der Lunge, denn beim Ausatmen verlässt das Kohlendioxid als Gas den Körper. Und jetzt wird es richtig spannend, denn die Hirnforscher machen sich die Entstehung von Kohlendioxid zunutze:

Wenn die Nervenzellen besonders viel rechnen, verbrauchen sie auch viel Sauerstoff und produzieren viel Kohlendioxid, das dann an diesen Stellen die Blutgefäße etwas weitet. Dadurch kommt mehr Blut an und damit auch ein Stoff, den man mit der Kernspintomografie – schwieriges Wort, ich weiß – messen kann. Dann kann man Bilder vom Gehirn machen, die zeigen, an welchen Stellen das Gehirn gerade besonders aktiv ist. ==Mithilfe des Kohlendioxids kann man dem Gehirn beim Arbeiten zuschauen.== Die Bilder sind so gut, dass man die Orte des Gehirns bestimmen kann, die für Tätigkeiten wie Sprachenlernen, Lesen oder Zählen besonders wichtig sind. Diese Bereiche werden dann durch Umwandlung der Messwerte in Farben besonders hervorgehoben. Hier ein Beispiel:

PURKI: „Ja, ja, schon, ganz toll. Aber ... ich ... habe doch noch eine Pipi-Frage: Ich mache doch nicht direkt ins Blut, oder? Das wäre mir dann doch etwas ... unangenehm."

Nein, keine Sorge. Ihr Nervenzellen seid von einer dünnen Schicht Flüssigkeit umgeben. ==Die Abfallstoffe kommen aus der Nervenzelle in die Flüssigkeit, die die Nervenzelle umgibt.== Von hier kommen sie durch die Wand der Blutgefäße in das Blut. Für den umgekehrten Weg, also die Aufnahme von Stoffen durch die Nervenzellen, ist das genauso.

PURKI: „ Ah, gut. Danke!"

Kernspintomografie

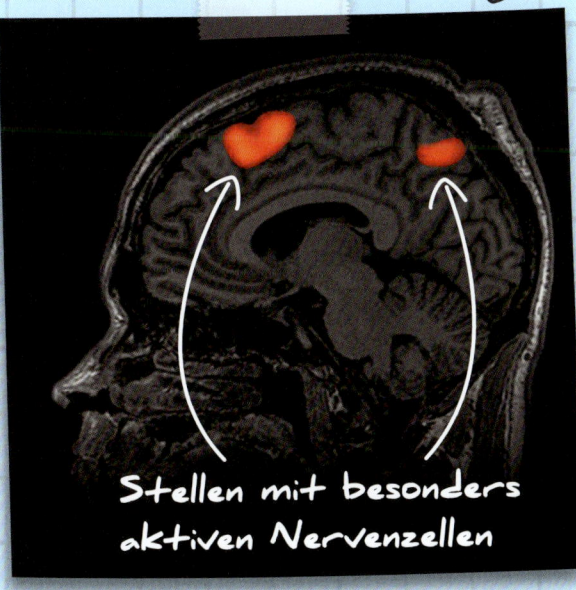

Stellen mit besonders aktiven Nervenzellen

Wusstest du, ...

... dass sich das Gehirn vor einigen Giften und Abfallstoffen aus dem Körper selbst schützen kann? Durch die Blut-Hirn-Schranke. Denn die Blutgefäße des Gehirns lassen eine Reihe von vor allem größeren Molekülen einfach nicht ins Nervengewebe durch. Leider betrifft das manchmal auch dringend benötigte Medikamente. Deshalb müssen für das Gehirn oft spezielle Medikamente entwickelt werden.

Wie viele Hirnwindungen

hat eine Fliege?

Also, Fliegengehirne haben … Nein, ich mache es anders. Ich erzähle euch etwas über die Entwicklung des Gehirns von unseren tierischen Vorfahren bis zum Menschen. Und dann beantwortet ihr die Frage.

PURKI: „Wieso wir? Wir sind Nervenzell-Experten, aber keine Fliegen-Experten!"

Also: Alle Tiere besitzen Nervenzellen. Mit ganz wenigen Ausnahmen: die Einzeller, wie etwa Pantoffeltierchen oder Amöben.

PYRA: „Das ist ja auch logisch, denn wenn das Tier nur eine Zelle hat, kann es nicht auch noch Nervenzellen haben."

Unter den Tieren, die aus mehreren Zellen bestehen, gibt es nur zwei, die keine Nervenzellen haben – die Scheibentiere und die Schwämme. Alle anderen Tiere haben ein Nervensystem. Die einfachsten Nervensysteme haben die Quallen. Schaut mal:

Nervensystem

Bei den Quallen bilden die Nervenzellen ein einfaches Netz. Dieses zieht sich über den ganzen Quallenkörper. Bereits das ist sehr hilfreich, denn so kann die Qualle registrieren, auf welcher Seite Nahrung ist oder ob auf einer Seite ein Hindernis ist. Und sie kann reagieren und darauf zuschwimmen oder wegschwimmen.

PURKI: „Clevere Sache! Und wie ging es dann weiter mit der Entwicklung des Gehirns?"

Der nächste Schritt war die Verlagerung der Nervenzellen ins Innere des Körpers, was sinnvoll ist, denn Nervenzellen sind empfindlich und müssen gut geschützt sein, damit sie funktionieren können. Außerdem wurden die Nervenzellen dann stärker vorne angelegt, denn bei Bewegung kommt dieser Teil des Körpers zuerst mit Nahrung oder Hindernissen in Kontakt. Die verstärkte Ansammlung von Nervenzellen im vorderen Teil des Körpers bildet das Gehirn. Das beobachten wir das erste Mal bei Würmern.

Das blieb dann so, auch bei komplizierteren Tieren wie Insekten, denn das Gehirn einer Biene hat schon eine Million Nervenzellen. Aber viele Nervenzellen liegen noch in der Körpermitte als jeweils zwei kleine Haufen von Nervenzellen, die jeweils für die linke oder rechte Seite eines Abschnitts des Körpers zuständig sind, etwa so:

Gehirn

Das erinnert ein bisschen an die Ringelung von Wespen und Bienen, oder? Und bestimmt kommt ihr auch darauf, wie man solche Nervensysteme nennt.

PYRA: „Du überschätzt Purki."

Also Purki, wie nennt man das wohl?

PURKI: „Ähh … aaalsooo …"
PYRA: „Wie gesagt: Du überschätzt Purki."

Na gut, ich sage es euch. Weil sie so aussehen, werden die Nervensysteme von Insekten, Spinnen und noch ein paar anderen Tieren als Strickleiternervensystem bezeichnet.

Der nächste große Sprung kommt dann mit den Tieren, die Wirbel haben. Die Gehirne bestehen aus unterschiedlich aufgebauten Teilen: das Vorderhirn, das für Bewertungen und Entscheidungen zuständig ist; das Kleinhirn, das für die Bewegung wichtig ist; und der Hirnstamm, der Atmung und Herzschlag steuert. Schaut euch mal die Bilder unten an. Ich male euch mal einen Fisch, einen Vogel und eine Katze auf. Was entdeckt ihr? Je komplizierter die Tiere werden und je mehr sie lernen können, desto größer wird das Vorderhirn. Es wird deshalb Großhirn genannt. Schon bei Reptilien bildet sich die Hirnrinde aus. Diese wird aber dann erst bei vielen Säugetieren wie Hunden, Pferden, Walen und natürlich beim Menschen richtig groß, indem sie gefaltet wird. Hirnwindungen bilden sich …

PURKI: „Erster! Ich kann die Frage jetzt beantworten: Die Fliege hat gar keine Hirnwindung …"
PYRA: „… weil sie kein Großhirn hat und damit auch keine Hirnrinde."

Richtig! Na also, geht doch.

Vorderhirn

Fisch

Vogel

Katze

29

So toll sind Tiergehirne

Die Gehirne sind so unterschiedlich wie die Tiere selbst. Allerdings ist der Aufbau innerhalb einer Tiergruppe jeweils ähnlich. So gibt es bei den Wirbeltieren immer eine Aufteilung in Großhirn und Kleinhirn sowie in zwei Gehirnhälften. Aber es gibt auch viele Unterschiede, die in der Größe, in der Form und im Aufbau liegen.

Obwohl der Mensch das leistungsfähigste Gehirn aller Lebewesen besitzt, ist es kein Weltmeister. Andere Tiere haben zum Beispiel größere Gehirne oder mehr Nervenzellen als der Mensch. Hier siehst du ein paar echt tierische Gehirnrekorde:

Das braucht der Nilhecht wohl für die Orientierung mit elektrischen Feldern.

Der Nilhecht hat den größten Kleinhirnanteil. Das Kleinhirn ist sogar so groß, dass es sich über das Großhirn wölbt.

Hast du das gewusst? So ein Kalmar hat die dicksten Nervenzellfortsätze überhaupt.

Und auch das größte Kleinhirn. Übrigens.

Der Elefant hat das größte Gehirn aller Landtiere.

Klar hab' ich das gewusst. Die Fortsätze sind bis zu einen Millimeter dick.

Das Gehirn mit den größten Nervenzellen haben die Seehasen-Meerschnecken.

Stimmt! Einige kann man sogar mit dem bloßen Auge sehen!

Und das sind ... Wale.

Richtig. Genauer gesagt:
Langflossen-Grindwale.
Sie haben das Gehirn mit
den meisten Nervenzellen.

Das Gehirn der Etrusker-Spitzmaus
wiegt bis zu zehn Prozent ihres
Körpergewichts. Das ist
Weltrekord!

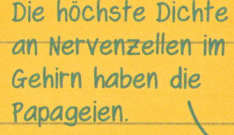

Die höchste Dichte
an Nervenzellen im
Gehirn haben die
Papageien.

Ah, verstehe. Daher
sind sie auch so
schlau. Und das ob-
wohl sie nicht mal
eine Hirnrinde haben.

Wobei das Gehirn mit 0,06
Gramm auch den Rekord
für das kleinste Säugetier-
gehirn hält.

Und wer hat wohl das
unempfindlichste Gehirn
aller Wirbeltiere?

Die Schildkröte! Ihr Gehirn verkraftet
auch Sauerstoffmangel gut, was
ein Grund dafür sein könnte, dass
Schildkröten so lange leben.

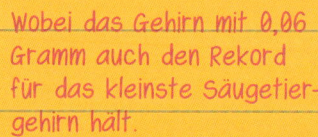

Können sich Nervenzellen vermehren?

Viele Zellen im Körper können sich vermehren, indem sie sich teilen. Aus einer Zelle werden zwei neue Zellen. Das ist besonders bei Körpergeweben so, die sich abnutzen. Fingernägel wachsen, weil die Nägel sich bei Gebrauch abgreifen können, und Darmzellen wachsen, weil die oberste Schicht im Darm beim Kneten und Weiterschieben der Nahrung abgerieben wird. Aber: Die meisten Nervenzellen des Menschen können sich nicht vermehren.

PURKI: „Ausgerechnet! Aber das wäre doch eigentlich ganz praktisch. Dann könnten bei Gehirnverletzungen oder Schlaganfällen neue Nervenzellen nachwachsen."

Ja, das wäre schon praktisch, aber es ist leider trotzdem nicht so. Kaputtgegangene Hirnanteile bleiben oft das ganze Leben lang unbrauchbar und die dazugehörige Hirnfunktion bleibt verloren. Warum das so ist, das weiß die Wissenschaft nicht so genau. Wahrscheinlich ist die verlorene Vermehrungsfähigkeit der Preis, den wir für die Hochentwicklung unseres Gehirns bezahlen mussten. Denn die Neubildung von Nervenzellen würde vermutlich die Rechenwege und die Verschaltungen im Gehirn stören.

PYRA: „Schade, ich hätte mich gerne mal geteilt. Stell dir vor, wenn es mich 2-mal gäbe! Oder 4-mal! Oder 100-mal!"

PURKI: „Oooh ja, das wäre ... kaum auszuhalten ..."

Na ja, vielleicht hast du ja auch Glück, Pyra. Denn ohne Ausnahme ist die Regel nicht. Man hat jetzt doch im menschlichen Gehirn auch einige Nervenzellen gefunden, die sich teilen können. Die sitzen zum Beispiel in einer Hirnregion, die mit Lernen und kurzzeitigem Behalten des Gelernten zu tun hat. Vielleicht sind in diesen Bereichen Störungen der Schaltkreise nicht so schlimm, weil man eh nicht alles behält.

PYRA: „Oh ja, das klingt schon besser!"

Außerdem arbeiten die Hirnforscher eifrig daran, in kranken oder zerstörten Hirnteilen das Wachsen und Neubilden von Nervenzellen anzuregen, um so Patienten helfen zu können. Besonders spannend und aussichtsreich ist ein Ansatz, der Parkinson-Patienten helfen könnte.

Bei dieser Behandlung entnimmt man dem Erkrankten leicht verfügbare Zellen, wie Blutzellen, und entwickelt sie außerhalb des Körpers zu ganz einfachen Zellen zurück, die sich leicht vermehren. Diese einfachen Zellen bringt man nun dazu, sich zu Nervenzellen zu entwickeln, um sie dann wiederum an die Stelle zu bringen, an der sie dem Erkrankten fehlen. Bei einigen Erkrankungen konnte man schon zeigen, dass die Nervenzellen sich selbst richtig in die Netzwerke des Gehirns einbauten und den Krankheitsschaden aufhoben oder deutlich besserten. Ich zeichne euch diese Idee mal kurz auf:

Wusstest du, ...

... dass sich Schnecken, Salamander und Eidechsen erstaunlich gut von Hirnverletzungen erholen können? Bei ihnen können sich die Nervenzellen nämlich ganz gut teilen, weil das Nervensystem noch recht einfach ist. Selbst Katzen kommen noch einigermaßen mit Verletzungen des Gehirns zurecht. Affen kaum noch. Und Menschen schon gar nicht mehr.

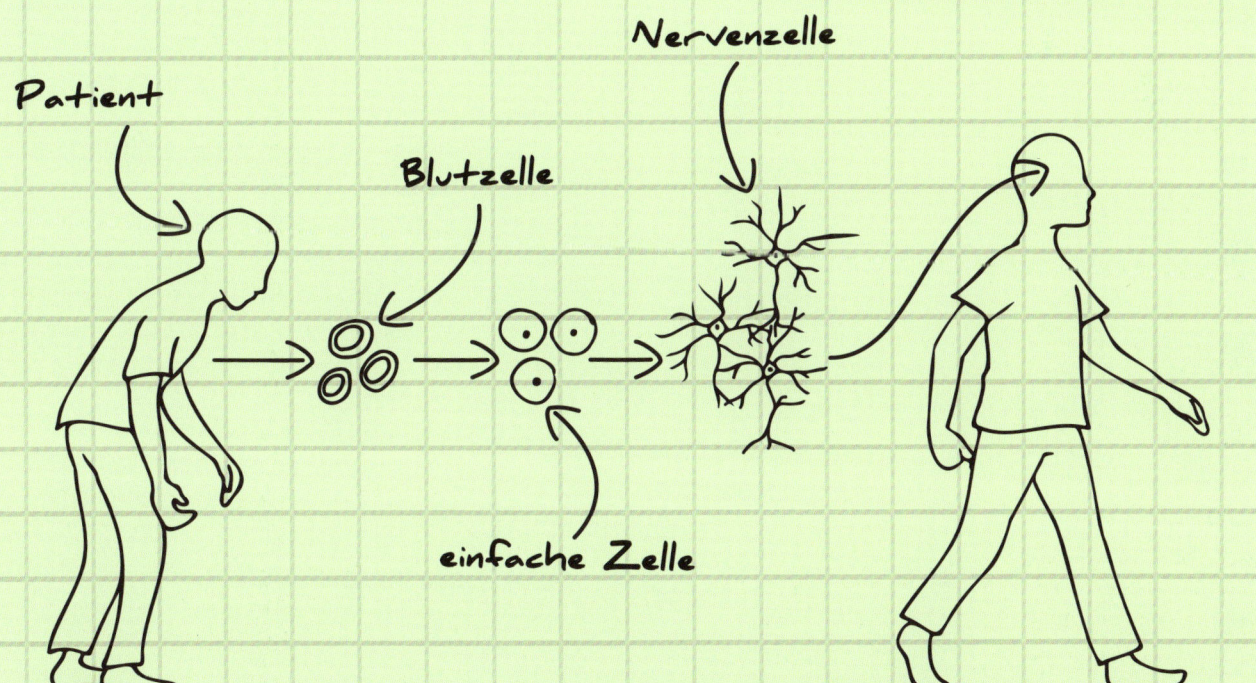

Patient

Blutzelle

Nervenzelle

einfache Zelle

Wieso merken wir uns manchmal unnötige Sachen?

Das kennt jeder: Manche Vokabeln, die wichtig sind, bekommt man einfach nicht in den Kopf, während andere Vokabeln, die man bestimmt nie mehr braucht, fest im Gedächtnis sitzen.

PURKI: „Heimskur Heili Rannsakandi!"

Wie bitte?

PURKI: „Das ist isländisch und heißt: Blöder Hirnforscher! Hehe!"

In der Tat, das ist ein Beispiel für etwas, das man sich nicht merken muss.

PYRA: „Hör nicht auf ihn. Lass uns lieber zur Frage zurückkommen. Das interessiert mich nämlich schon lange: Warum merken wir uns einiges leicht und anderes gar nicht?"

Das hängt mit unseren Sinnen zusammen, also mit dem Sehen, Hören, Riechen, Schmecken und Fühlen. Unsere Sinne sind so gut, dass ständig riesige Datenmengen auf unser Gehirn einströmen. Allein über die Augen nehmen wir jede Sekunde so viele Daten auf, dass es 100 Seiten füllen würde, sie alle aufzuschreiben.

PURKI: „100 Seiten pro Sekunde? Das ist ja ... fast ... dieses ganze Buch. Und das in einer einzigen Sekunde?"

Ja, weil es nicht nur Buchstaben sind, die wir sehen, sondern auch Informationen über Farben, Bewegungen, Formen, Abstände, Entfernungen und, und, und. Da kommt schnell eine große Datenmenge zusammen. Und das sind nur die Augen. Auch die Ohren und die anderen Sinne liefern ständig große Datenmengen an das Gehirn ab.

Das ist ein Problem für das Gehirn, denn um nicht überfüllt zu werden, muss es schnell den größten Teil dieser Datenmenge aussortieren und dabei auch möglichst noch unterscheiden, ob es wichtige Daten sind oder solche, die sofort gelöscht werden oder am besten gar nicht ins Gehirn kommen sollen. Das Gehirn sortiert weniger als ein Tausendstel dieser Datenmenge heraus und bringt nur sie ins Gedächtnis. Bei unserem Beispiel wären das weniger als 20 Buchstaben von den 100 Seiten.

PYRA: „Wahnsinn. Wie schafft das Gehirn das?"

Im Gehirn entscheiden einfache Regeln, was behalten wird. Ich schreibe euch mal die drei wichtigsten Regeln auf:

Das Gehirn speichert am besten, …

Regel 1: … was immer wieder zum Gehirn kommt.

Regel 2: … was über verschiedene Sinne zum Gehirn kommt.

Regel 3: … was Gefühle auslöst.

Diese Regeln kann man am besten an einigen Beispielen erläutern: Skateboardtricks oder Griffe auf der Gitarre müssen wir üben, also wiederholen, bis wir sie richtig können (Regel 1). Wie die neue Obstsorte heißt, die wir bisher nicht kannten, lernen wir schneller, wenn sie besonders aussieht, riecht und schmeckt (Regel 2). Und wenn uns ein Rechtschreibfehler sehr peinlich war oder uns ganz besonders geärgert hat, dann stehen die Chancen gut, dass uns dieser Fehler nicht noch einmal passiert (Regel 3).

PURKI: „Lieber Heimskur Heili Rannsakandi, warum merken wir uns denn dann manchmal auch echt unnötigen Kram?"

Weil das mit den Regeln schiefgehen kann. An die blödeste und unwichtigste Vokabel denkt man ein paar Mal, weil sie so unsinnig ist. Schwups, wertet das Gehirn das als Wiederholung und damit als wichtig und packt es ins Gedächtnis. Oder wir ärgern uns, dass wir so eine schwachsinnige Vokabel lernen müssen, und schwups erkennt das

Gehirn die Gefühle und wertet die Vokabel daher als wichtig.

PURKI: „Heimskur Heili Rannsakandi, Heimskur Heili Rannsakandi, Heimskur Heili Rannsakandi! War das jetzt oft genug für dein Gedächtnis?!"

Versuch's mal

Die drei Regeln können dir auch beim Vokabellernen helfen: Wenn du die Vokabeln wiederholst, erkennt dein Gehirn, dass sie wichtig sind (Regel 1). Du lernst Vokabeln besser, wenn du sie dem Gedächtnis über verschiedene Sinne präsentierst, zum Beispiel: hören, lesen und abschreiben (Regel 2). Und du lernst Vokabeln besonders gut, wenn du in der fremden Sprache mit jemandem reden möchtest, den du gerne magst (Regel 3).

Wird das Gehirn beim Schlafen abgeschaltet?

Nein, ganz und gar nicht. Schlaf ist ein Zustand, in dem das Gehirn nur anders aktiv ist als beim Wachsein. Es gibt auch im Schlaf viel Nervenzelltätigkeit und der Energieverbrauch des Gehirns ist im Schlaf so groß wie im Wachzustand. Schlaf ist also nicht wie das Ausknipsen einer Lampe, sondern eher wie das Umschalten einer Lampe von reinem Dauerlicht auf ein Licht, das im Wechsel mal heller und mal dunkler wird.

PURKI: „Dauerlicht und Flackerlicht? Das ist ein komischer Vergleich."

Na gut, vielleicht nicht ganz gelungen. Aber ich wollte damit sagen: Die Gehirnaktivität wird beim Schlafen regelmäßig geändert. Es ist nicht einfach nur ein anderer Zustand, sondern es sind verschiedene Aktivitätszustände im Gehirn, die jeweils etwa eineinhalb Stunden dauern. Da gibt es den Tiefschlaf, aber auch eine Schlafphase, in der man sich mehr bewegt, mit den Lidern zuckt und auch besonders häufig träumt. Diese Folge von verschiedenen Aktivitätszuständen des Gehirns wird dann in der Nacht mehrfach durchlaufen, wobei die Tiefschlafphasen kürzer und flacher werden und die Phasen mit den Bewegungen länger. Ich kann euch hier mal ein Schema zeichnen:

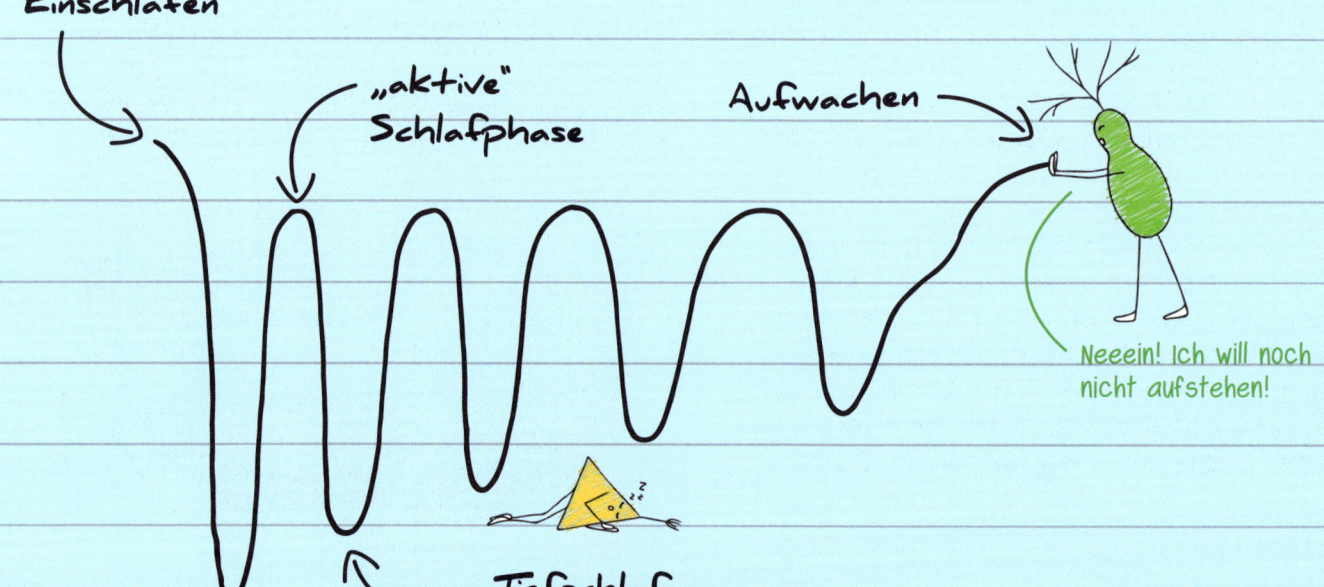

Einschlafen

„aktive" Schlafphase

Aufwachen

Neeein! Ich will noch nicht aufstehen!

Tiefschlaf

PYRA: „Und was soll das?"

Tja, ganz genau kann ich dir das nicht sagen. Der Schlaf hat noch viele Geheimnisse für die Hirnforscher. Aber jetzt gibt es Forscher, die etwas Licht ins Dunkel des Schlafes bringen.

PYRA: „Aha, und das wäre?"

Also: Schlaf ist wichtig für das Gedächtnis. Denn wenn man nicht oder zu wenig schläft, kann man Gelerntes nicht so gut behalten. Das ist bekannt, aber jetzt haben die Hirnforscher eine Erklärung dafür: In der Nacht werden in einer bestimmten Schlafphase die Verbindungen zwischen den Nervenzellen, die beim Lernen am Tag aufgebaut wurden, wieder abgeschwächt.

PURKI: „Wie soll denn das beim Merken helfen?"

Nicht so schnell: In einer anderen Schlafphase werden die dann noch bestehenden Verbindungen wieder gestärkt. Das Ganze läuft dann in einer Nacht ein paarmal hintereinander ab. Das bedeutet: Das nur oberflächlich Gelernte verschwindet aus dem Gedächtnis und das intensiver Gelernte wird tiefer im Gedächtnis verankert. Stellt euch das vor wie eine Schwarz-Weiß-Zeichnung mit vielen verschiedenen Grautönen, bei der man die hellgrauen Teile ausradiert und die dunkelgrauen noch mehr schwärzt. Wenn man das mehrfach hintereinander macht, erhält man nachher eine einfache und klare Schwarz-Weiß-Zeichnung. Mit dieser Methode erreicht das Gehirn, dass Unwichtiges gelöscht wird.

PURKI: „Hat das Gedächtnis auch etwas mit dem Träumen zu tun?"

Auf jeden Fall. Denn in vielen Traumphasen sind diejenigen Nervenzellen gehemmt, die Informationen unserer Sinnesorgane in das Gehirn einführen. Das Gehirn kann sich also mehr mit sich selbst und mit dem Gespeicherten beschäftigen. Während die Träume am Anfang der Nacht noch sehr stark mit den tatsächlichen Erlebnissen des Tages zu tun haben, werden die Träume zum Morgen hin immer ungewöhnlicher und fantastischer. Und da wir selten mitten in der Nacht und häufiger am Morgen aufwachen, sind unsere Träume oft so wunderbar schräg und bunt.

Wusstest du, …

… dass Schlafwandeln vor allem bei Kindern und Jugendlichen vorkommt? Der Mechanismus, der im Schlaf die Muskeln ausschaltet, scheint dann nicht richtig zu funktionieren. Deshalb setzen sich Schlafwandler manchmal im Bett auf oder laufen ein bisschen herum. Meistens verschwindet das Schlafwandeln in der Pubertät ganz von selbst wieder.

Sind graue Zellen wirklich grau?

Wenn man sich das Gehirn von außen anschaut, dann ist es grau. Vor allem wenn man es, wie Wissenschaftler es seit Jahrhunderten machen, in eine Formalinlösung legt, um es zu konservieren und dauerhaft zu erhalten. Beim lebenden Menschen wirkt das Gehirn ein bisschen rosa, weil es dann noch durchblutet wird und das rote Blut durch die Blutgefäße und Nervenzellschichten durchschimmert. Aber weil es so viele Nervenzellen sind und sie so dicht sitzen, schwächen sie das Licht ab. So wie man in der Dämmerung immer weniger die Farben sehen kann, bis alles grau ist. So sieht das Gehirn von außen dann ziemlich grau aus. Die äußere Schicht des Gehirns wird daher als graue Substanz bezeichnet.

PYRA: „Und die innere Schicht?"

Bei der inneren Schicht des Gehirns ist es nicht so. Wenn man das Gehirn durchschneidet und sich die Schnittfläche anschaut, dann sieht es ungefähr so aus:

weiße Substanz

graue Substanz

Ist das ein Hirnschnitt? Oder ein Swimmingpool mit Inseln?

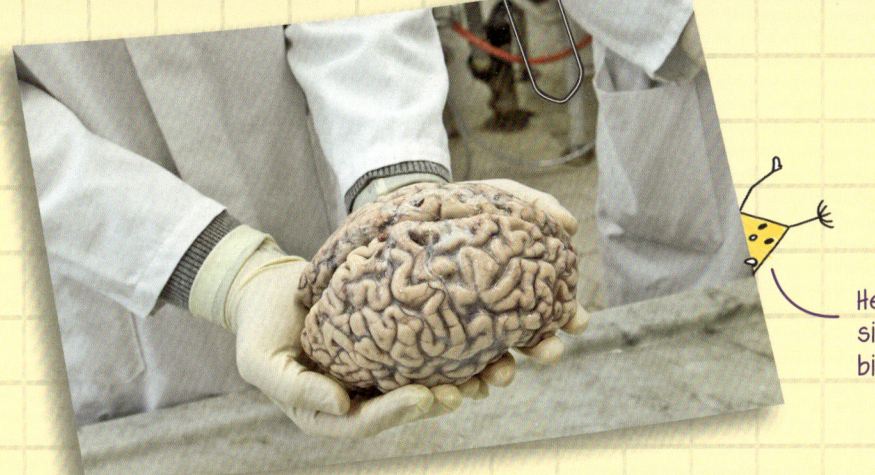

He, Moment mal, das sieht ja wirklich ein bisschen rosa aus!

Außen liegt die graue Substanz und auch manche Stellen im Inneren des Gehirns sind grau, aber der größte Teil ist weiß. Viele Teile im Inneren des Gehirns gehören zur weißen Substanz.

PURKI: „Aha. Und warum ist da mal was weiß und mal was grau?"

Der Farbunterschied hängt mit dem Aufbau zusammen. Die Stellen, an denen sehr viele Fortsätze der Nervenzellen liegen und an denen sie von isolierenden Hüllschichten umgeben werden, sind weiß. Diese Hüllschichten bestehen nämlich hauptsächlich aus aufgewickelten fettartigen Schichten. Und Fett kann ziemlich hell und weiß sein, wie du es vielleicht von Butter oder Bratfett kennst. Also: Die Teile des Gehirns mit besonders vielen und langen Nervenfortsätzen bilden die weiße Substanz. Das sind vor allem Verbindungsregionen, in denen Hirnteile miteinander verschaltet werden oder in denen Nervenfortsätze zum Beispiel weiter ins Rückenmark ziehen.

Im Inneren des Gehirns gibt es aber eben auch andere Bereiche, in denen viele Nervenzellen sitzen und miteinander verschaltet sind und in denen nicht vorwiegend Fortsätze liegen. Diese Stellen sind daher wieder grau und gehören auch zur grauen Substanz.

PURKI: „Okay, das heißt also graue und weiße Substanz. Aber sind die Zellen selbst tatsächlich auch grau?"
PYRA: „Du willst doch wohl nicht sagen, ich sähe grau aus?!"

Darf ich etwas dazu sagen? Nervenzellen nennt man auch graue Zellen. Aber wenn man sich einzelne Nervenzellen unter dem Mikroskop ansieht, so sehen sie eher durchsichtig und gläsern aus. So wie viele andere Zellen des Körpers, die keine Farbstoffe eingelagert haben.

PYRA: „Wie viele andere Zellen?! Unverschämtheit!"

Na, warte noch mal: Wenn man aber die Nervenzellen direkt im Gehirn anschaut, so schimmern sie etwas rosa, weil durch das Blut viel rote Farbe im Gehirn ist.

PYRA: „Rosa schimmern ... Schon viel besser."
PURKI: „Durchsichtig, grau, rosa! Welche Farbe haben denn nun die grauen Zellen wirklich?"

Graue Zellen nennt man die Nervenzellen nur, weil sie in der grauen Substanz liegen. Das Aussehen der Nervenzellen hängt von der Farbe der Umgebung ab. Deshalb können die grauen Zellen auch mal rosa sein.

Sprechen Nervenzellen miteinander?

Sprechen ist vielleicht nicht ganz der richtige Ausdruck. Telefonieren kommt der Sache näher, denn auch die Kommunikation zwischen Nervenzellen erfolgt elektrisch.

PURKI: „Wieso? Äh, mag ja sein. Aber wir reden doch gerade."

Ja, aber macht ihr das mit euren Gehirnkumpeln auch so?

PYRA: „Natürlich nicht. Da läuft alles über unsere Fortsätze ab."

Genau, so ist es: Die Nervenzellen reden über ihre Fortsätze miteinander. Dabei sind die Worte elektrische Signale, die bis in die Enden der Fortsätze der Nervenzelle geleitet werden. Die Enden der Fortsätze sind ganz besonders. Schaut mal hier:

Hier kommen sich die beiden Nervenzellen ganz nahe, bis auf 20 millionstel Millimeter. Die beiden Nervenzellen berühren sich aber nicht. Es verbleibt ein winziger Spalt zwischen den beiden Nervenzellen. Die Verbindungsstellen zwischen den Nervenzellen heißen Synapsen.

PURKI: „Südtatzen!"

Synapsen. Das elektrische Signal der Nervenzelle setzt in der Synapse ...

PURKI: „Süßtasse!"

... setzt in der Synapse kleine Teilchen frei, die den Spalt überqueren können und zur Wand der anderen Nervenzelle gelangen.

Das ist ja eine durchgeschnittene Synapse! Voll krass!

Ja. Und voll klein. Einen Tausendstelmillimeter ist so eine Synapse nur breit.

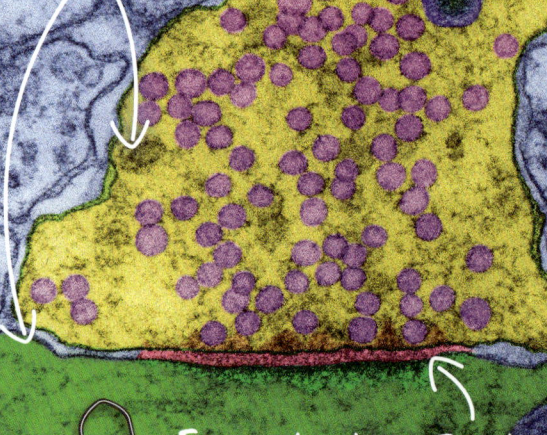

Nervenzellen

Synaptischer Spalt

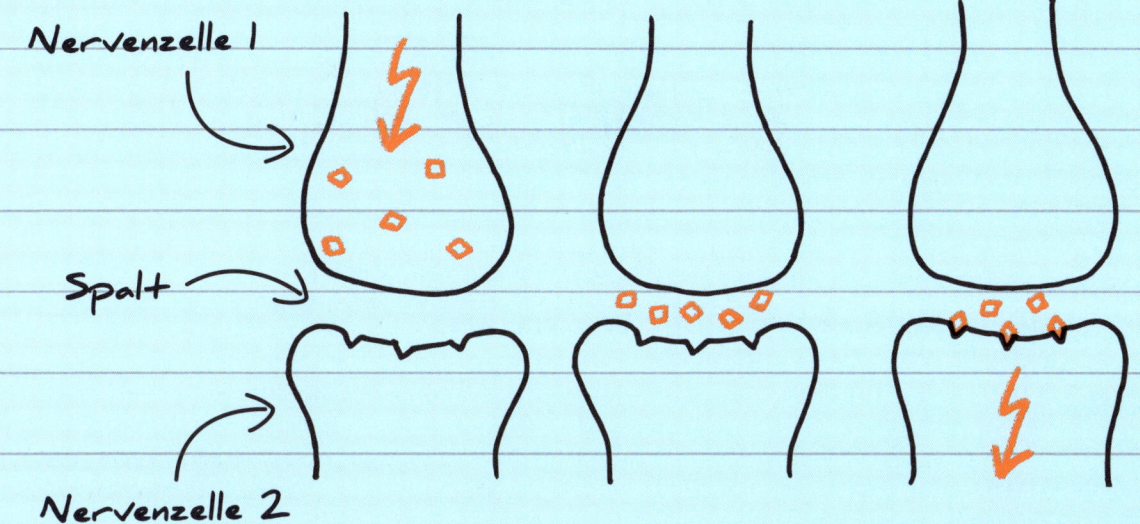

Nervenzelle 1

Spalt

Nervenzelle 2

Hier flutschen sie in genau passende Teile der Wand – wie ein Schlüssel, der genau ins Schloss passt – und lösen dadurch ein elektrisches Signal in der anderen Nervenzelle aus – wie wenn beim Umdrehen des Schlüssels im Schloss die Tür aufspringt. Das heißt, die zweite Nervenzelle hat nun etwas von der ersten erfahren.

PURKI: „Warum denn so kompliziert? Warum sind die beiden Nervenzellen denn nicht einfach direkt miteinander verbunden?"

Weil die Synapsen mehr sind als Verbindungen. Die Synapsen sind die Stellen, an denen das Gehirn rechnet. Ein elektrisches Signal führt in der nächsten Nervenzelle nicht automatisch zu einem gleich großen elektrischen Signal, sondern es ist kleiner und kann sogar umgekehrt sein. Erst wenn an mehreren Stellen der Nervenzelle oder kurz hintereinander viele elektrische Signale übertragen werden, reicht es aus, dass wieder ein so großes Signal wie in der ersten Nervenzelle entsteht. Das ist wie bei einer Rechenaufgabe in Mathe. Man kann immer wieder Großes und Kleines addieren, vielleicht auch etwas subtrahieren und zum Schluss kommt eine Summe heraus.

PYRA: „Genau! Und deshalb haben wir so viele Fortsätze! Ich habe letztens mal wieder nachgezählt. Ich habe 5389 Verbindungen zu meinen Nervenzellfreunden."

Das passt ziemlich genau zu den Zahlen, die die Hirnforschung herausbekommen hat: Jede Nervenzelle steht in Verbindung mit durchschnittlich 6000 anderen Nervenzellen. Natürlich gibt es Nervenzellen mit nur wenigen Kontakten, aber andere Nervenzellen haben dafür über 10000 Synapsen.

PURKI: „Sinnkatzen!"

Wenn man alle Synapsen im Gehirn zusammenzählt, kommt man auf über 100 Billionen! Das ist eine riesige und unvorstellbare Zahl. Manchmal helfen da Vergleiche. Stell dir vor, jede Synapse wäre so hoch wie ein 1-Cent-Stück. Wenn dann alle Synapsen eines Gehirns übereinandergestapelt wären, würde das einen Turm ergeben, der von der Erde bis fast zur Sonne reicht. Und das sind nur die Synapsen …

PURKI: „Siebaffen!"

… die Synapsen eines einzigen Gehirns.

Wie viele Fremdsprachen passen in ein Gehirn?

Ziemlich viele. Ich kenne jemanden, der 20 Sprachen spricht, und ein Übersetzer der Europäischen Union beherrscht 32 Sprachen. Den Rekord soll der italienische Kardinal Giuseppe Mezzofanti halten, der um 1800 lebte und angeblich 70 Sprachen gesprochen haben soll.

PURKI: „Da muss das Gehirn ja voll sein."

PYRA: „Und Platz für etwas anderes dürfte auch nicht mehr da sein."

Nein, das ist nicht so. Menschen, die mehrere Sprachen sprechen, haben keine größeren Sprachbereiche im Gehirn. Von der Ausdehnung her sind die Bereiche im Gehirn bei Einsprachlern und Mehrsprachlern vergleichbar groß. Allerdings ist das Hirngewebe bei den Mehrsprachlern hier fester, weil die Nervenzellen offensichtlich sehr viel stärker miteinander vernetzt sind.

Das macht auch Sinn, denn auch verschiedene Sprachen haben viele grundsätzliche Eigenschaften in Struktur und Aufbau gemeinsam. So muss man bei der ersten Sprache zunächst lernen, dass die Sprache aus Worten und Sätzen besteht, dass es Subjekte und Prädikate gibt und so weiter. Das braucht man dann bei der zweiten Sprache schon nicht mehr zu lernen und das Gehirn legt diese Verschaltungen daher auch nicht nochmals neu an, sondern nutzt die schon vorhandenen durch Vernetzung. In der Praxis bestätigen auch die Mehrsprachler, dass es von Fremdsprache zu Fremdsprache leichter wird, eine neue Sprache zu lernen.

PYRA: „Wo liegt denn die Sprache im Gehirn?"

Sprache gehört zu den wenigen Leistungen des Gehirns, die stärker einseitig angelegt sind. Die beiden wichtigsten Sprachbereiche befinden sich in der linken Hirnhälfte. Die eine Region liegt vorne im Gehirn und

Wusstest du, ...

... dass es für die Lage der Sprachregion eine Rolle spielt, ob man Links- oder Rechtshänder ist? So liegen die wichtigsten Sprachregionen bei 96 Prozent der Rechtshänder auf der linken Seite, aber nur bei 76 Prozent der Linkshänder!

ist für die Sprachproduktion verantwortlich und die andere, die weiter hinten liegt, für das Sprachverständnis. Kleine Skizze gefällig?

PURKI: „Ja, bitte!"

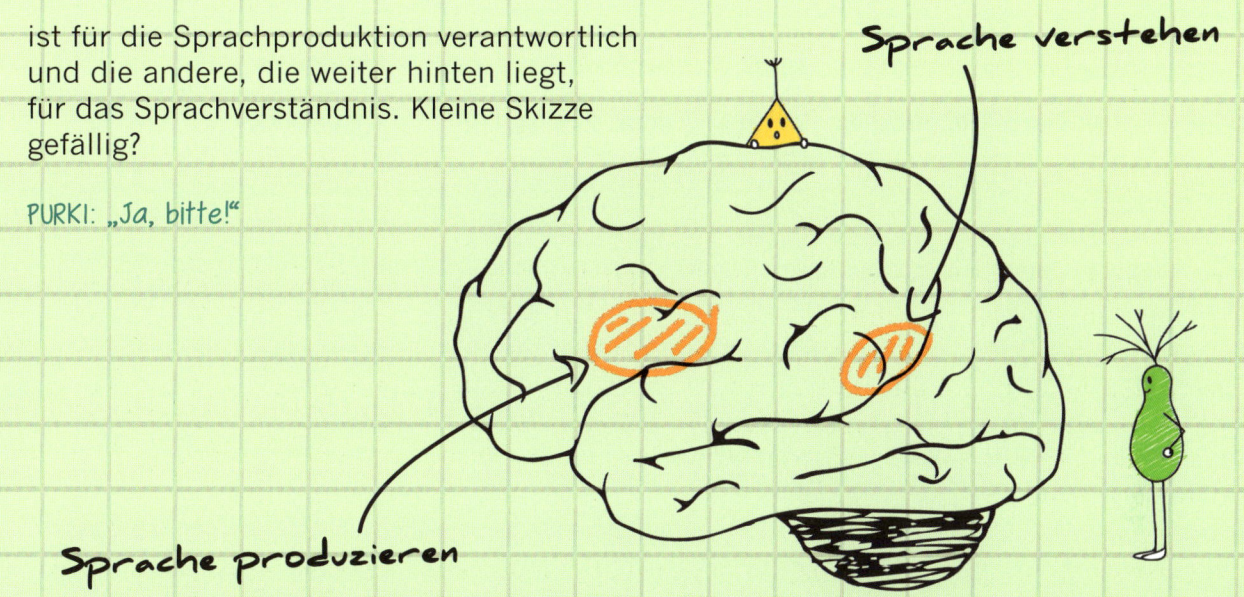

Sprache verstehen

Sprache produzieren

Erkannt hat man die Funktion dieser Hirnbereiche vor allem durch die Untersuchung von Erkrankten, bei denen durch Hirnverletzungen oder Schlaganfälle die Nervenzellen in diesen beiden Hirnregionen zerstört waren oder fehlten. Patienten mit Schäden im vorderen Bereich haben Mühe dabei, Worte auszusprechen, sie sprechen langsam und oft ist es unverständlich, was sie sagen. Bei Ausfällen in der hinteren Region wird zwar viel gesprochen, aber es ist schwer zu verstehen, weil neue Wörter gebildet werden oder die richtigen Wörter durch andere, nur halbwegs passende ersetzt werden, also zum Beispiel „Federtier" statt „Vogel" oder „das Ding zum Kaltmachen" statt „Kühlschrank". Außerdem können diese Patienten vorgesprochene Wörter oft gar nicht verstehen.

PYRA: „Die ganze Wahrheit ist das aber nicht ..."

Das stimmt, du Hirnkennerin.

PURKI: „Ha, Hirnkennerin! Dass ich nicht lache ...!"

Sprache nur auf diese beiden Regionen zu begrenzen, ist eigentlich etwas zu einfach. Zum einen haben beide Regionen Aufgaben in Sprachproduktion und Sprachverständnis, sodass die Trennung der Aufgaben nicht wirklich scharf ist. Zum anderen sind auch noch angrenzende und dazwischen liegende Hirnbereiche der linken Seite in der Sprachverarbeitung tätig. Und außerdem liegen andere Spracheigenschaften wie die Betonung der Wörter, die Satzmelodie oder die Einordnung als Frage in der rechten Hirnhälfte.

Was essen Nervenzellen?

Lecker war das heute mal wieder, aber irgendwie ...

Also mir geht`s super. Hattest du wohl mal wieder ein bisschen zu viel ...?

Bei der Ernährung der Nervenzellen ...

PYRA: „Stopp! Da sind wir ja wohl die Experten!"

PURKI: „Und nicht unser Herr Professor Alles-besser-Wisser!"

Schon gut, schon gut. Dann erklärt ihr es eben und ich kann mich mal ausruhen.

PYRA: „Nun ja, Nervenzellen essen nicht wie Menschen oder Tiere, also mit dem Mund und dann Verdauung und so weiter ..."

PURKI: „Was ja wohl voll eklig und altmodisch ist."

PYRA: „... sondern Nervenzellen nehmen wie Pflanzen ständig Nährstoffe auf. Diese Nährstoffe werden vom Blut herbeigebracht und über die gesamte Oberfläche in die Nervenzelle hineintransportiert. Die wichtigsten Nährstoffe sind ... äh ..."

Die wichtigsten Nährstoffe für Nervenzellen sind Sauerstoff und Traubenzucker. Der Traubenzucker kommt aus der Nahrung. Genauer gesagt aus den Kohlenhydraten, die zum Beispiel in Brot, Nudeln und natürlich Süßigkeiten enthalten sind. Diese werden im Verdauungstrakt des Körpers aufgenommen und weiter in die Grundbestandteile wie eben Traubenzucker – auch als Glukose bezeichnet – aufgespalten. Der Sauerstoff kommt aus der Außenluft und wird über die Lunge mit jedem Atemzug in den Körper gebracht.

Diese beiden Stoffe braucht die Nervenzelle unbedingt, um Energie zu gewinnen. Energie für ihre Rechenarbeit im Gehirn, aber auch Energie für ihr eigenes Überleben.

PURKI: „Du meinst: Wenn wir ... keinen Sauerstoff und keinen Traubenzucker mehr bekommen, ... dann ... müssen wir den Löffel abgeben?"

Ja, leider. Ohne Sauerstoff und Zucker sterben die Nervenzellen. Man muss zwar nicht ständig essen, denn der Körper kann Zucker speichern und bei Bedarf aus seinen

Lagern holen. Aber der Mensch muss ständig atmen, denn Sauerstoff kann der Körper nicht lagern. Wenn bei einem Herzstillstand das Herz kein Blut mehr ins Gehirn pumpt oder wenn bei einem Atemstillstand kein Sauerstoff mehr ins Blut kommt, dann wird man nach zehn bis spätestens 30 Sekunden ohnmächtig, weil die Nervenzellen nicht mehr rechnen können und damit die ganze Steuerfunktion des Gehirns zusammenbricht. Bereits nach einer Minute ohne Durchblutung des Gehirns beginnen dann schon die ersten Nervenzellen abzusterben. Dagegen kann man viele Tage ohne Nahrung auskommen, bevor die Gehirnfunktion gestört wird, weil der Körper so viele Zuckerreserven hat.

PURKI: „Also immer kräftig atmen und: Her mit dem Traubenzucker!"

Ganz so ist es nicht. Denn es gilt auch: Zu viel Traubenzucker ist nicht gut für die Hirnleistung. Es hilft also gar nichts, Traubenzucker zu essen, wenn bei der Klassenarbeit die Konzentration nachlässt. Leider erreicht man damit oft das Gegenteil: Wenn schnell viel Traubenzucker ins Blut kommt, reagiert der Körper darauf und schaufelt den Traubenzucker in die Lager. Da dies aber nicht so schnell wieder abgestellt werden kann, wird für eine Zeit lang zu viel Traubenzucker aus dem Blut entfernt, sodass es zu einem leichten Mangel an Traubenzucker im Gehirn kommen kann und die Konzentration dann sogar verschlechtert wird.

PURKI: „Okay, zu viel ist also schlecht. Und zu wenig? Kann man ohne Zucker leben?"

Man kann gut leben, ohne Zucker zu essen, denn der Körper holt sich den Zucker, den er braucht, aus den Kohlenhydraten, die wir zum Beispiel über Kartoffeln oder Nudeln aufnehmen. Aber ohne Kohlenhydrate kann man nicht leben, denn dann werden Fette zur Energiegewinnung benutzt und aus Milchsäure und Aminosäuren wird Traubenzucker aufgebaut. Dabei entstehen so viele ungünstige Abbauprodukte, dass die Nervenzellen davon regelrecht vergiftet werden und nicht mehr funktionieren.

PYRA: „Oh, das klingt gar nicht gut. Aber manchmal hab' ich doch auch Lust auf was anderes …?"

Stimmt. Es gibt noch eine Reihe von anderen Stoffen wie Aminosäuren, Vitamine und Bestandteile von Fetten, die ihr Nervenzellen als Baustoffe braucht, um zu wachsen oder beschädigte und zu alte Teile zu erneuern.

Wusstest du, …

… dass du jeden Tag etwa 160 Möhren essen müsstest, um den täglichen Bedarf deines Gehirns an Glukose zu decken? Also mal angenommen, du würdest überhaupt nichts anderes als Karotten essen. Gut, dass es da noch Brot und Nudeln gibt. Und ab und zu mal Kuchen.

Warum sieht das Gehirn so faltig aus?

Hmmm, stimmt, das Gehirn sieht ganz schön unregelmäßig aus ... Ja, sieht nach Falten aus. Es gibt ganz viele Erhebungen, die wie lang gezogene Hügel aussehen, und dazwischen immer wieder Vertiefungen wie lange, schmale Täler. Ungefähr so:

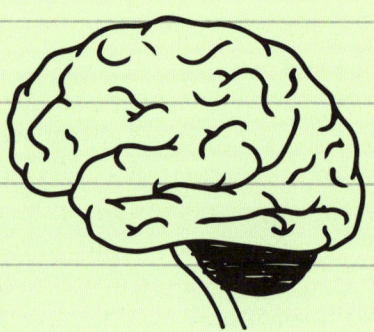

PURKI: „Was für ein Rauf und Runter! Da wird mir ja schwindelig ... Ist denn das ganze Gehirn so gefaltet?"

PYRA: „Natürlich nicht, nur die Oberfläche ist gefaltet. Glaube ich zumindest."

PURKI: „Wie soll das denn funktionieren? Wenn Falten, dann überall Falten ..."

Jetzt seid mal einen Moment still. Es ist tatsächlich nicht das ganze Gehirn, das gefaltet ist, sondern nur die äußerste Schicht.

PYRA: „Sag' ich doch."

Die äußerste Schicht heißt Hirnrinde, ist nur ein paar Millimeter dick und liegt in Falten. Das sieht man am besten, wenn man einen Blick ins Innere des Gehirns

wagt. Stellt euch vor, ihr würdet eine Scheibe vom Gehirn abschneiden, so wie man von einem Brot eine Scheibe abschneidet.

PURKI: „Jetzt wird mir wirklich schlecht. Das ist ja voll eklig ..."

PYRA: „Quatsch, das ist nicht eklig, das ist Wissenschaft."

Wir trauen uns das jetzt mal. So würde eine Gehirnscheibe dann aussehen.

Juhu! Schau mal, wie hoch ich springen kann!

Da seht ihr, dass die Falten nur außen sind. Nur die äußere Schicht des Gehirns, die Hirnrinde, ist gefaltet.

PYRA: „Was ist denn der Vorteil dieser ganzen Falterei?"

Nun, die Hirnrinde ist für uns besonders wichtig: Denken, Fühlen, Lesen, Rechnen und noch viel mehr läuft hier ab. Da die Menschen in diesen Dingen besonders gut sind, muss auch die Hirnrinde besonders groß sein. Und wie bekommst du ein großes Handtuch in die kleine Sporttasche? Genau, du faltest es. So ist es auch im Gehirn: Weil die Hirnrinde gefaltet ist, passt viel mehr davon in den Kopf.

PYRA: „Und wie groß ist die Hirnrinde jetzt genau, wenn ich bitten darf?"
PURKI: „Jetzt ist sie schon wieder fast beleidigt ... Mann oh Mann ..."

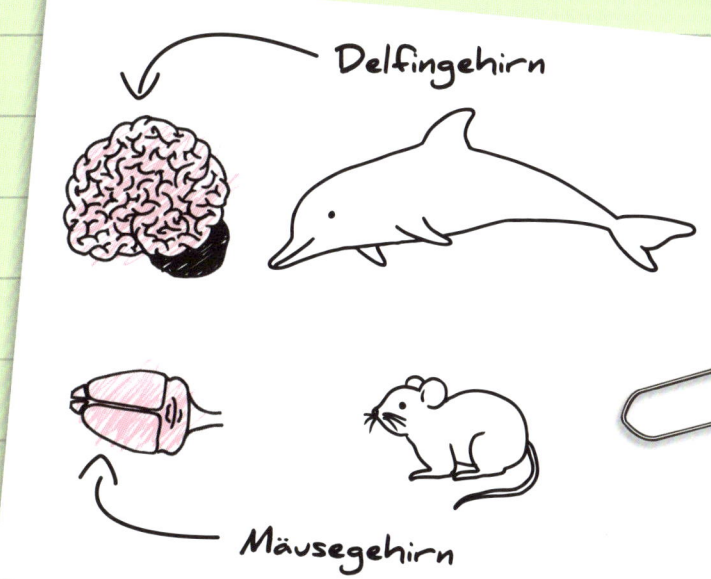

Delfingehirn

Mäusegehirn

Kein Problem, das kann man genau sagen. Die Hirnrinde ist etwa 1 800 Quadratzentimeter groß. So groß wie drei Blätter eines großen Schulheftes, wenn du sie nebeneinanderlegst. Klar, dass die Hirnrinde da gefaltet sein muss, um sie im Kopf unterzubekommen. Denn bei einer ungefalteten Hirnrinde müsste unser Gehirn viel größer sein, sogar noch etwas größer als ein Fußball. Da wäre der Kopf ganz schön groß und es wäre ganz schön unpraktisch und schwer, so ein großes Gehirn mit sich herumschleppen zu müssen.

PYRA: „Und wie ist das bei den Tieren?"

Da ist es unterschiedlich. Es gibt Tiergehirne, die überhaupt nicht gefaltet sind. Zum Beispiel bei Eidechsen, Fröschen oder Vögeln. Nicht einmal bei allen Säugetieren ist das Gehirn gefaltet. Bei Mäusen und Ratten etwa sind die Gehirne auch ganz glatt. Bei vielen Säugetieren gibt es aber dann doch Falten: bei Hunden, Katzen, Pferden und noch vielen anderen. Am stärksten gefaltet ist die Oberfläche der Gehirne von Delfinen und Walen. Aber die

Intelligenz hängt nicht nur mit der Faltung oder der Größe der Hirnrinde zusammen. Was das genau ist, wissen wir noch nicht. So sind wir Menschen in der Faltung der Hirnrinde und in der Hirngröße keine Weltmeister, obschon wir unter allen Tieren das beste und leistungsfähigste Gehirn haben. Unser Gehirn ist auch besser als das von Walen und Delfinen, denn wir lernen besser und schneller als sie.

Versuch's mal

Nimm eine Tasse und eine Rolle Toilettenpapier. Wie viele Blätter Toilettenpapier passen in die Tasse, wenn du das Papier nicht falten darfst? Und wie viele passen hinein, wenn du das Papier beliebig falten kannst? Wenn die Tasse der Kopf wäre und das Toilettenpapier die Hirnrinde, dann weißt du jetzt, warum die klügsten Tiere gefaltete Hirnrinden haben.

Wieso vergessen wir etwas?

Was wollte ich noch mal nachlesen ...?
Warum bin ich nur so schrecklich vergesslich?

Mach dir mal keinen Stress: Vergessen ist total wichtig!

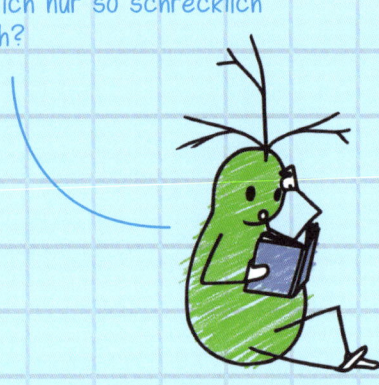

Es wäre gar nicht gut, wenn wir alles behalten würden. Denn dann würde unser Gehirn bald voll sein mit allen möglichen unnötigen Erinnerungen. Oder möchtest du behalten, an welcher Stelle genau du vor 63 Tagen dein Fahrrad an der Schule abgestellt hast und was du vor genau einem Jahr und einem Monat zum Mittagessen gegessen hast? Das ist alles unnötig und es ist gut, wenn das Gehirn solche unwichtigen Informationen nicht speichert oder schnell wieder aussortiert. Also: Vergessen ist eine wichtige Funktion des Gehirns.

PURKI: „Aber wenn man sofort alle Vokabeln behalten könnte — und zwar für immer, dann wäre man in der Schule tierisch gut. Zumindest in den Sprachen."

Nun ja, aber eine Sprache besteht nun mal nicht nur aus Vokabeln. Stell dir einmal vor, du könntest nichts vergessen. Dann hättest du ganz schön damit zu kämpfen,

unter den vielen, vielen Erinnerungen die richtigen rauszusuchen, denn man muss nicht nur Vokabeln wissen, sondern sie auch richtig einsetzen. Vielleicht gilt deshalb: Menschen, die sich alles merken können, sind gar nicht gut in der Schule oder im Beruf. Oft kommen sie alleine gar nicht klar und sind ständig auf Hilfe durch andere angewiesen. In der Medizin wurden sie früher als „idiots savants" bezeichnet, was man mit „gelehrte Idioten" übersetzen kann.

PURKI: „Echt? Glaube ich immer noch nicht. Ein Supergedächtnis MUSS doch ein irrer Vorteil sein!"
PYRA: „Vielleicht kannst du uns ein Beispiel geben, damit er es auch versteht?"

Gerne. Bei Kim Peek war es das Lesen. Er hat mehr als 12 000 Sachbücher gelesen, wobei er für jede Seite weniger als zehn

Sekunden brauchte. Vergessen hat er von diesen Büchern fast nichts. Er wusste zum Beispiel, wann Richard Wagner seine Opern komponiert hat, wann jeweils die Uraufführung war und wer damals gesungen hat. Er hat alle Adress- und Telefonbücher der Stadt Salt Lake City gelesen und kannte alle Straßen, Hausnummern und Bewohner. Und das sind nur einige Beispiele für sein enormes Gedächtnis. Aber: Kim Peek war schwerbehindert. Er hatte große Schwierigkeiten mit Bewegungen. Er hat erst spät laufen gelernt und hatte auch als Erwachsener noch Probleme, alleine zu gehen. Knöpfe konnte er nicht alleine schließen und auch andere feine Bewegungen schaffte er nicht. Sein Intelligenzquotient war deutlich unter dem Durchschnitt der Bevölkerung.

PYRA: „Oh. War das Gehirn denn bei ihm anders?"

Ja, bei Kim Peek war der im Hinterkopf liegende Teil des Gehirns, das Kleinhirn, stark verkümmert und die Hirnmasse im Inneren des Gehirns war deutlich kleiner. Es gibt auch Personen, die erst nach einer Hirnverletzung oder einem Schlaganfall so gute Gedächtnisleistungen bekamen. Deshalb denken viele Wissenschaftler: Ungewöhnlich gute Gedächtnisleistungen entstehen durch Schäden im Gehirn.

PURKI: „Ooooookay, verstanden. Aber könnte man nicht nur ein winzig kleines bisschen ... oder nur kurz vor Klassenarbeiten ..."

Du lässt aber auch nicht locker. Wer weiß ... vielleicht wird irgendwann einmal versucht, für Lernphasen mit einem Stimulator einen Hirnbereich lahmzulegen, um für eine kurze Zeit die Gedächtnisleistungen zu erhöhen. Aber momentan geht das noch nicht, weil wir schlicht und einfach nicht wissen, wo solche Hirnbereiche sind.

PYRA: „Mir egal. Ich vergesse sowieso nichts Wichtiges."

Tatsächlich? Na ja, vielleicht hast du sogar recht. Denn wir wissen nicht, ob von dem, was das Gehirn als sehr, sehr wichtig gespeichert hat, überhaupt etwas vergessen wird. Klar, an vieles erinnern wir uns nicht mehr. Wie an einige mathematische Formeln, die wir mal lernen mussten. Aber ist das wirklich weg oder kann es nur nicht mehr abgerufen werden? Das weiß die Hirnforschung nicht, aber es gibt Hinweise: So gibt es einen Alzheimer-Erkrankten, dessen Gedächtnis im Laufe der Krankheit immer schlechter wurde, der aber wieder fließend Latein lesen konnte, obschon er sich über fünfzig Jahre gar nicht mehr mit Latein beschäftigt hatte und nichts mehr konnte. Das hatte er offensichtlich nicht vergessen.

PURKI: „Da habe ich ja Hoffnung, dass du uns nie vergessen wirst."

So tolle Nervenzellen wie euch werde ich sowieso nicht vergessen.

PYRA: „Oh, du bist süß."

Wusstest du, ...

... dass die ersten lange oder dauerhaft gespeicherten Bilder im Alter von etwa drei Jahren angelegt werden? Davor ist das Gedächtnissystem noch zu unreif. Ist ja aber vielleicht auch ganz gut, wenn man nicht mehr weiß, wie man als Baby gebrüllt hat, weil das Milchfläschchen nicht schnell genug kam ...

So gut ist
dein Gedächtnis

Eine tolle Leistung des Gehirns ist das Gedächtnis, also die Fähigkeit, Informationen zu speichern und wieder abrufen zu können. In jedes Gehirn passen etwa 10 000 Gigabyte. Das sind so viele Informationen, wie in einer Bibliothek mit ein paar Tausend Büchern stecken.

Das Gehirn speichert aber nicht alles, sondern wählt nach Wichtigkeit und anderen Regeln aus. Deshalb klappt es selten, dass man sich beim Lernen alles merken kann.

Das Gehirn kann sich besser Bilder als Worte merken, sodass wir uns zum Beispiel leichter merken können, wie ein Tarsius Syrichta aussieht, als uns seinen Namen merken zu können.

Hast du Lust auf einen kleinen Gedächtnistest? Hier sind 20 Bilder und 20 Worte. Sieh dir alles 30 Sekunden lang an, schließ dann kurz die Augen, leg das Buch zur Seite und hol dir einen Zettel und einen Stift. Versuche nun, dich an möglichst viele Bilder und Worte zu erinnern, und schreibe oder zeichne sie auf. Wie viele sind es? Konntest du dir auch nicht alles merken? Und konntest du dich auch an mehr Bilder als Worte erinnern? Beides ist normal und zeigt, dass dein Gedächtnis gut funktioniert.

Ist der süß! Wie hieß er noch mal?

Ach, Purki. Das ist doch ein Tarsius Syrichta.

 Fenster

Vogel

Torte

Hubschrauber

Himmel

Tiger

Wasser

Meer

Feuer

Erdbeere

Lineal

Gurke

Brot

See

Ruhe

Kerze

Stall

Reh

Lärm

Strand

51

Wie viele Nervenzellen hat ein Mensch?

Gezählt hat die Nervenzellen im Gehirn noch keiner. Dazu sind es zu viele. Stell dir mal vor, du würdest zählen und brauchst für jede Zahl nur eine Sekunde ...

PYRA: „Ich kann schnell zählen: eins, zwei, drei! Und das alles in einer Sekunde!"

Ja, aber sag doch mal 2 389 576. Da reicht dir eine Sekunde nicht, oder?

PYRA: „Stimmt. Sind es denn wirklich so viele?"

Der Mensch hat so viele Nervenzellen, dass das Zählen aller Nervenzellen eines einzigen Gehirns über tausend Jahre dauern würde. Deshalb kann man die Zahl nur schätzen, indem man in einem kleinen Stückchen Gehirn die Nervenzellen zählt und das dann auf das gesamte Gehirn hochrechnet. Dann kommt man zu folgender Zahl: Der Mensch hat ungefähr 80 Milliarden Nervenzellen.

PURKI: „Milliarden!? Kann ich mir nicht vorstellen ..."

Vielleicht wird die riesige Zahl durch einen Vergleich deutlicher: Stell dir vor, jede Nervenzelle wäre so groß wie eine Erbse. Dann müsstest du dein ganzes Klassenzimmer füllen, um so viele Erbsen zu haben, wie Nervenzellen im Gehirn sind.

PURKI: „Da raucht mir der Kopf. Gibt es nicht kleinere und einfachere Gehirne?"

Ja klar, das Gehirn von Würmern besteht aus gut 100 Nervenzellen, Schnecken haben ungefähr 1 000 Nervenzellen. Die Stubenfliege besitzt schon fast eine Million Nervenzellen und ab da wird es unübersichtlich: Die Maus hat 70 Millionen, das Kaninchen 500 Millionen Nervenzellen, Affen über eine Milliarde.

Interessant ist noch: Tiere mit größeren Gehirnen als der Mensch haben trotzdem weniger Nervenzellen. Der Elefant mit seinem großen Gehirn von 5 Kilogramm – gegenüber 1,4 Kilogramm beim Menschen – hat nur 5 Milliarden Nervenzellen und die

Zebrafisch:
10 Millionen
Nervenzellen

Frosch:
16 Millionen
Nervenzellen

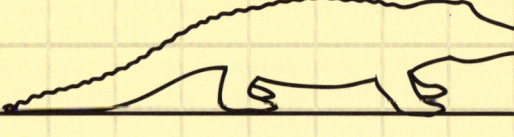

Krokodil:
80 Millionen
Nervenzellen

meisten Walarten mit ihren bis zu 8 Kilogramm schweren Gehirnen bleiben unter 10 Milliarden Nervenzellen.

PURKI: „Bei so vielen Nervenzellen könnte man ja leicht auf ein paar verzichten, oder?"

PYRA: „Bist du verrückt? Nachher bin ich das."

Das könnte man tatsächlich nicht. Früher glaubte man, dass der Mensch nur zehn Prozent seiner Nervenzellen benutzt. Heute weiß man: ==Der Mensch braucht alle seine Nervenzellen.== Es gibt keine unbenutzten Felder im Gehirn und jeder Ausfall von Nervenzellen führt direkt oder manchmal auch erst nach vielen Jahren zu Leistungsverlusten oder Ausfällen. Und wenn jemand eine Gehirnleistung nicht mehr braucht, weil er zum Beispiel blind geworden ist und daher die Nervenzellen für die Sehaufgaben nicht mehr benötigt, dann liegen diese Nervenzellen nicht nur noch faul herum, ...

PURKI: „Schade!"

... sondern sie werden für andere Aufgaben des Gehirns eingesetzt. Bei blinden Menschen übrigens für das Hören. Dieser Sinn wird dann besonders gut.

Wusstest du, ...

... dass ein Mensch insgesamt rund 30 Billionen Körperzellen hat? So viele Reiskörner würden in 30 000 große Lastwagen passen. Das sind fast 200-mal mehr, als es Nerven- und Gliazellen im Gehirn gibt. Wenn man aber die 25 Billionen Blutzellen abzieht, sind mehr als drei Prozent aller Körperzellen im Gehirn.

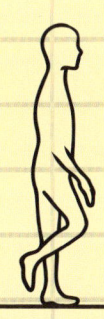

Hund:
500 Millionen
Nervenzellen

Mensch:
80 Milliarden
Nervenzellen

Warum ist das Gehirn im Kopf?

Schwierige Frage ... Ich frage mal zurück: Wo sollte es denn sonst sein?

PURKI: „Hhmm, im Bauch vielleicht?"

Das wäre nicht so gut. Aber der Vorschlag bringt mich auf die Lösung: Im Kopf ist das Gehirn sehr gut geschützt. Denn das Gehirn ist von allen Seiten vom knöchernen Schädel umschlossen. Das wäre im Bauch nicht so.

Der Schädel ist ein harter Knochen und hält eine Menge aus. Das merkt man, wenn man mal heftig mit dem Kopf gegen einen Türrahmen oder so etwas gestoßen ist. Der Schädel ist so stabil, dass eine ganze Kuh darauf stehen könnte oder sogar ein kleines Auto, ohne dass der Schädel dabei kaputtgehen würde.

PURKI: „Wow, nicht schlecht! Es gibt aber doch auch Schädelbrüche ...?"

Ja, bei Beschleunigungen können schnell sehr viel höhere Kräfte auftreten, die auch der Schädel nicht mehr aushält. Das kann schon beim Fahrradfahren passieren. Deshalb ist es so wichtig, dass man den Schutz des Schädels noch zusätzlich verstärkt, indem man einen Helm trägt.

Aber zurück zum Gehirn. Das Gehirn wird durch den Schädelknochen geschützt. Aber auch die Form des Gehirns schützt das Gehirn im Kopf. Denn das Gehirn hat keine Ecken und ist deshalb für Stöße nicht so anfällig. Denkt mal an einen Karton. Wenn ein eckiger Karton mal auf eine seiner Ecken fällt, ist die Ecke gleich kaputt oder zumindest eingedellt. Bei einem runden Karton kann das nicht passieren. Und so ist es auch beim Gehirn: Das Gehirn hat wegen seiner abgerundeten Form keine empfindlichen Ecken.

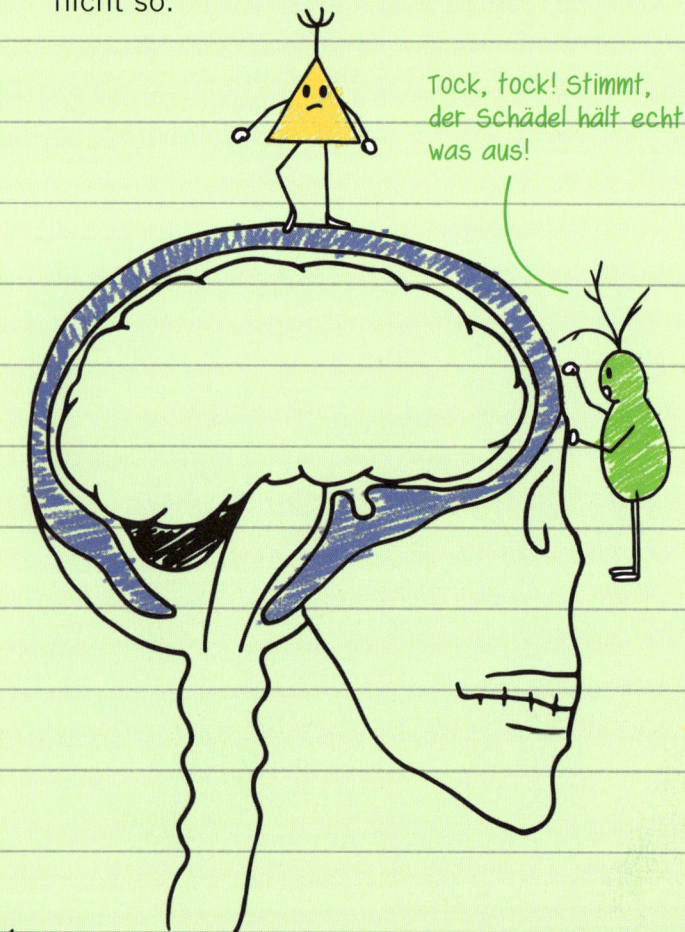

Tock, tock! Stimmt, der Schädel hält echt was aus!

PYRA: „Okay, aber das ist doch immer noch kein Grund, dass es im Kopf ist."

Da hast du recht. Dazu müssen wir noch mal ganz weit zurückgehen und uns unsere frühesten Vorfahren ansehen. Als das Leben vor vielen Millionen Jahren auf der Erde entstand, hatten die frühesten Lebensformen noch nicht so etwas Kompliziertes wie ein Gehirn. Sie ernährten sich dort, wo sie gerade waren, von dem, was gerade vorbeikam. Das war ziemlich zufällig und konnte unter Umständen auch mal ganz schön lange dauern. Klar, dass es besser ist, wenn ein Lebewesen sich selbst dorthin bewegen kann, wo Futter ist. Dazu braucht es aber Sinnesorgane, die die Nahrung erkennen können, und ein System, das dem Lebewesen sagt, was das für Nahrung ist, wie das Lebewesen am besten dorthin kommt und so weiter. Dafür hat die Evolution gesorgt – und schwupps: Schon war das Gehirn da!

PYRA: „Von mir aus. Deshalb haben wir also ein Gehirn, okay. Aber WARUM ist es im Kopf? Das hast du immer noch nicht so richtig erklärt."

Weil es Sinn macht, dass der Körperteil, der zuerst die Nahrung erreicht, auch gleich prüft, ob sie essbar ist, und dann auch gleich die Nahrung aufnimmt. Und dieser Körperteil ist eben nun mal der Kopf. Das Gehirn ist im Kopf, weil hier die wichtigsten Sinnesorgane sitzen und hier die Nahrung aufgenommen wird. In der Entwicklung der Tiere waren es die Würmer, bei denen sich zuerst die Nervenzellen im vorderen Abschnitt des Tieres ansammelten. Hier wurde die Nahrung zuerst

wahrgenommen und dieser Teil des Wurmes erreichte die Nahrung auch zuerst, wenn der Wurm darauf zukroch. Das ist dann bei allen weiteren Entwicklungsstufen der Tiere bis hin zum Menschen so geblieben: Das Gehirn sitzt oben im Körper, in der Nähe von Mund, Nase und Augen. Und oben im Körper ist ...

PYRA: „... der Kopf!"
PURKI: „Na endlich!"

Versuch's mal

Nimm zwei Eier. Lege eines davon über Nacht in ein Glas mit Essig oder mit Essigessenz, sodass das Ei ganz bedeckt ist. Der Essig löst den Kalk und damit die feste, knochenartige Schutzhülle des Eies auf. Lass nun beide Eier in eine Schüssel fallen. Erst aus einer Höhe von etwa einem Zentimeter, dann langsam aus immer größerer Höhe. Welches Ei geht zuerst kaputt? Und was verrät dir das über den Schutzknochen unseres Gehirns?

vorne

Gehirn

hinten

Wie lange bleibt Gelerntes
im Gehirn?

Das ist ganz unterschiedlich. Manches nur den Bruchteil einer Sekunde, anderes ein ganzes Leben lang.

PYRA: „Die Antwort hätte ich auch geben können. Geht es denn vielleicht noch ein wenig genauer?"

Gerne. Wir unterscheiden drei Formen von Gedächtnis. Ich schreibe sie euch mal auf:

Sensorisches Gedächtnis:
weniger als eine Sekunde

Kurzzeitgedächtnis:
Sekunden bis Minuten

Langzeitgedächtnis:
Minuten bis lebenslang

Das erste ist das sensorische Gedächtnis. Der Name deutet schon an, dass es etwas mit unseren Sensoren, also den Sinnen, zu tun hat. Einfach gesagt hat es die Aufgabe, die Informationen, die über die Sinne aufgenommen wurden, ganz kurz zu speichern und dann das auszuwählen, was in das zweite Gedächtnis wandern soll.

Das zweite Gedächtnis ist das Kurzzeitgedächtnis. In das Kurzzeitgedächtnis kommt weniger als ein Tausendstel von dem, was die Sinne aufnehmen. Hier bleibt der Gedächtnisinhalt für ein paar Sekunden oder höchstens ein paar Minuten.

PURKI: „Und dann?"

Dann wird entschieden. Ein kleiner Teil davon kommt ins Langzeitgedächtnis. Hier bleibt der Inhalt zumindest ein paar Minuten, er kann aber auch viele Jahre und gar nicht so selten ein ganzes Leben dort im Gedächtnis bleiben. Aber: Nur etwa ein Hundertstel des Inhalts des Kurzzeitgedächtnisses kommt ins Langzeitgedächtnis. Der nicht gespeicherte Rest wird einfach gelöscht und ist weg.

PURKI: „Ui. Und wie passiert das Vergessen ... ?"

Das solltet ihr mir eigentlich sagen, denn jetzt kommen wieder die Nervenzellen ins Spiel. Es werden ja ständig neue Verbindungen zwischen Nervenzellen aufgebaut. Mal hier und mal da. Ein Gedächtnisinhalt wird dann gespeichert, wenn sich durch diese neuen Verbindungen ein Ring von Nervenzellen bildet. Also: Kreisförmige Verschaltungen von Nervenzellen bilden das Gedächtnis. Denn diese Verschaltungen können elektrische Signale immer wieder

durchlaufen. Solange sie dies tun, bleibt der Gedächtnisinhalt gespeichert. Aber das wird kompliziert. Ich male es euch auf:

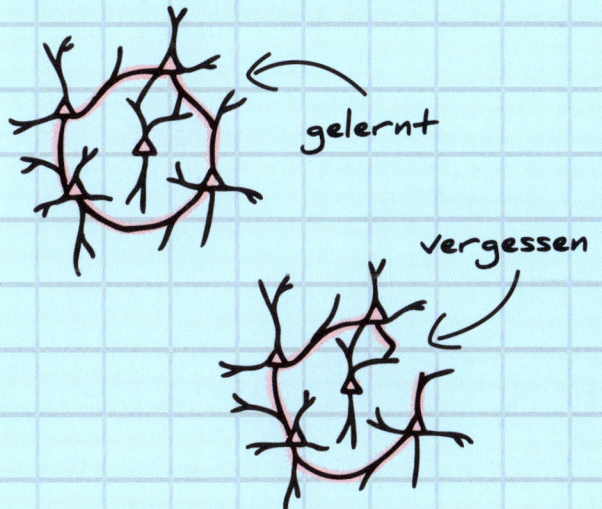

gelernt

vergessen

Wenn die Verschaltung immer wieder benutzt wird, wird die Verbindung zwischen den Nervenzellen gefestigt. Das geschieht, indem elektrische Signale von einer Nervenzelle zur nächsten gegeben werden und im Kreis laufen. Der Gedächtnisinhalt wird stabilisiert. Die Verbindungen können manchmal sogar so fest sein, dass sie das ganze Leben lang halten. Das sind dann die Sachen, die man sein ganzes Leben lang nicht mehr vergisst. Wenn dagegen eine gerade aufgebaute kreisförmige Verschaltung nicht mehr benutzt wird, dann lösen sich mit der Zeit die Verbindungen zwischen den Nervenzellen wieder auf. Wenn die kreisförmige Verschaltung nur an einer einzigen Stelle aufgelöst ist, können die elektrischen Signale nicht mehr in diesem Kreis laufen. Der gespeicherte Gedächtnisinhalt ist damit weg, wir haben ihn vergessen.

Also: Verstärkung und Abschwächung der Verbindungen zwischen den Nervenzellen bestimmen, wie gut und wie lange etwas im Gedächtnis gespeichert wird. Deshalb müssen wir eine Vokabel etwa fünfmal wiederholen, damit sie für den Rest des Lebens im Kopf bleibt. Dann wurde die kreisförmige Verschaltung oft genug durchlaufen.

Können Hirnforscher
Gedanken lesen?

Also wie in einem Buch? So als würde man eine Zeitung aufschlagen und eine Überschrift lesen? Dass ich jetzt sagen kann, was mein Sitznachbar im Bus gerade denkt?

PYRA: „Du hast es schon geschnallt. Also: Könnt ihr?"

Nein, so können wir das nicht, aber ...

PURKI: „Aber?"

Aber ... Ein wenig Gedanken lesen kann die Hirnforschung schon. Denn alle Verrechnungsprozesse im Gehirn funktionieren, indem elektrischer Strom durch die Nervenzellen fließt. Dabei entstehen elektrische

Wellen, die man auch außerhalb des Gehirns auffangen kann. So wie das Schlagen einer Trommel Klangwellen erzeugt, die wir oft noch weit entfernt hören können. Zum Abhören des Gehirns werden kleine Metallplättchen auf die Kopfhaut gelegt und mit speziellen Geräten kann man dann die elektrischen Signale des Gehirns empfangen und aufzeichnen. Diese Technik nennt man übrigens EEG und sie wird von den Ärzten viel eingesetzt, um herauszubekommen, ob jemand eine Hirnerkrankung hat:

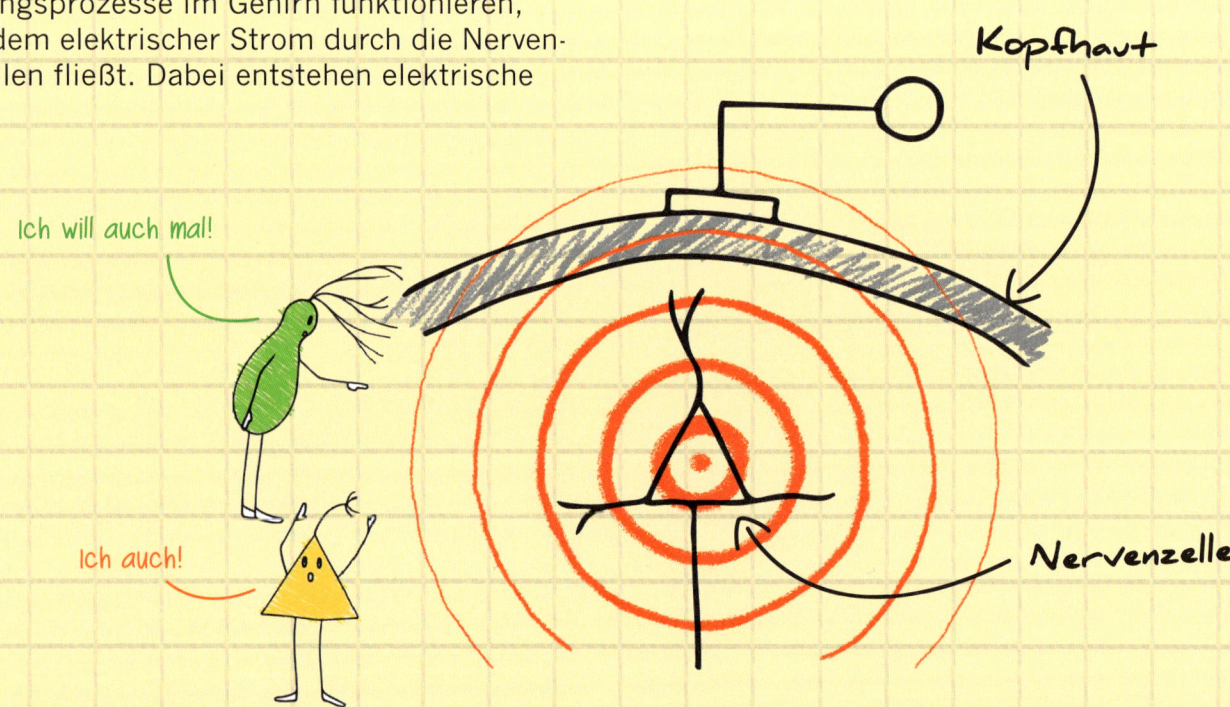

Ich will auch mal!

Ich auch!

Kopfhaut

Nervenzelle

PYRA: „Aber im Gehirn sind das doch ganz viele Trommeln. Das gibt ja ein riesiges Durcheinander."

Ja, völlig richtig. Deshalb kann man auch nicht mitbekommen, was die einzelnen Nervenzellen machen, sondern nur ganz grobe Dinge, wenn viele Nervenzellen dasselbe machen. Aber immerhin reicht das, um ganz einfache Entscheidungen „lesen" zu können: Wenn man jemandem freistellt, einen Knopf links oder einen Knopf rechts zu drücken, dann kann man seine Entscheidung kurz vor dem Drücken ziemlich gut voraussagen. Und das ist ja schon eine Form von Gedankenlesen.

PYRA: „Schon, aber na ja, ich muss sagen, ich bin ein wenig enttäuscht ..."

Musst du nicht sein. Denn schon das bisschen Gedankenlesen, das die Hirnforschung kann, kann helfen. Es gibt nämlich Menschen, die durch Unfälle oder eine besondere Hirnerkrankung vollständig gelähmt sind. Lange konnte man gar keinen Kontakt mit ihnen aufnehmen, denn wenn man keinen Muskel bewegen kann, kann man nicht sprechen, nicht schreiben, ja

noch nicht mal mit dem Augenlid zucken, um Fragen mit Ja oder Nein zu beantworten. Da hat die Wissenschaft den Erkrankten beigebracht, nur mit ihren Gedanken – also den elektrischen Wellen aus ihrem Gehirn – einen Cursor auf einem Bildschirm zu bewegen. Dann konnten sie Buchstaben anklicken, Wörter buchstabieren, Sätze formen und einige haben so schon ganze Bücher geschrieben.

PYRA: „Moooment mal. Dann könnte man doch mit den Gedanken auch einen Roboter steuern, oder?"

Theoretisch wäre das möglich, ja. Man kann direkt über seine Hirnaktivität Geräte steuern. Man muss nicht mehr den Umweg über die Muskeln und die Hände nehmen. So wurde auch schon gezeigt, dass zwei Versuchspersonen, die völlig bewegungslos in Sesseln saßen, Computertennis spielen und sich nur mit ihren Gedanken einen Ball auf einem Computertennisfeld zuspielen konnten.

PURKI: „Klingt sehr gemütlich. Das gibt`s doch bestimmt auch für Computerfußball!?!"

Und jetzt stellt euch mal vor, was alles möglich werden könnte, wenn man diese Methode weiterentwickelt. Wenn die Computer noch leistungsfähiger werden, dann muss man vielleicht nicht mehr auf immer kleineren Tastaturen von Handys herumtippen, sondern wir haben eine Mütze auf dem Kopf, die die elektrischen Wellen aus dem Gehirn auffängt. Und dann denken wir nur noch die Nachricht, um sie dann mit einem Denkbefehl zu versenden.

PURKI: „Jetzt geht aber die Fantasie mit dir durch, Herr Professor."

Vielleicht. Aber vielleicht auch nicht. Warten wir doch einfach noch mal ein paar Jahre ...

Können Nervenzellen
Schnupfen kriegen?

Ja, Nervenzellen können auch krank werden. Die Ursachen sind zum Beispiel Sauerstoffmangel oder Angriffe durch das eigene Immunsystem. Krank sind Nervenzellen auch bei der Alzheimerschen Erkrankung, bei der Multiplen Sklerose, bei der Parkinsonerkrankung oder ...

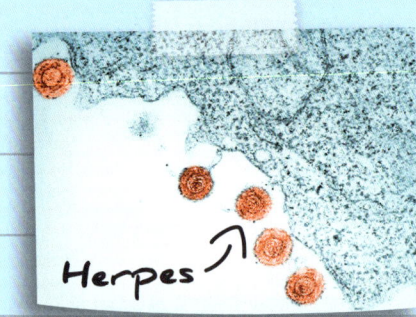

Herpes

PURKI: „Der Typ hört nicht zu."

PYRA: „Ausnahmsweise muss ich Purki recht geben. Schnupfen wird doch durch Viren ausgelöst. Also solche Dinger wie bei Corona."

PURKI: „Solltest du eigentlich wissen."

Ach so, ihr wollt etwas über die Viruserkrankungen von Nervenzellen wissen. Die gibt es auch. Einige Viren befallen bevorzugt Nervenzellen. Dafür lassen sie andere Zellen des Körpers ziemlich in Ruhe.

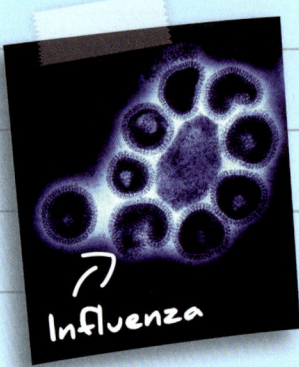

Influenza

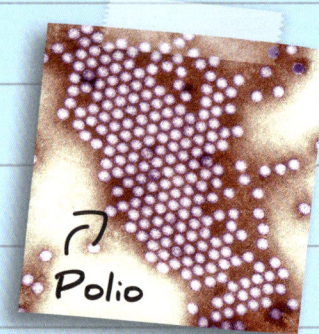

Polio

Am häufigsten sind Entzündungen des ganzen Gehirns oder seiner Hüllschichten. Manchmal machen solche Viren nur Fieber und Kopfschmerzen, aber manche beeinträchtigen die Nervenzellen so sehr, dass es zu Bewusstlosigkeit, Lähmungen oder Wesensveränderungen kommt. Das sind ganz verschiedene Viren wie Herpesviren, Influenzaviren oder auch Polioviren. Ich kann euch ein paar Bilder zeigen:

Sehen ja ganz schön hübsch aus.

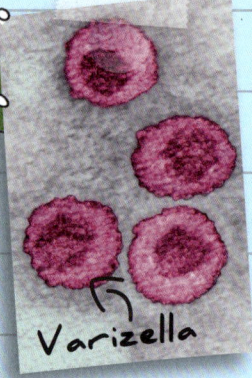

Varizella

Bist du verrückt?!?
Das sind ganz üble Gesellen.

Manche Viren sind Spezialisten und befallen nur einzelne Typen von Nervenzellen. Das ist so bei den Polioviren, die die Kinderlähmung verursachen. Dabei schädigen die Viren nur die Nervenzellen, die die Bewegungsbefehle zu den Muskeln schicken. Es kommt zu Lähmungen, die zum Teil wieder weggehen, zum Teil aber auch bleiben, wenn die Viren die Nervenzellen zerstört haben. Besonders schlimm ist, dass dieser Typ von Nervenzellen auch die Muskulatur der Atmung steuert, sodass früher viele Kinder und auch Erwachsene starben, weil sie nicht mehr atmen konnten.

PYRA: „Früher …?"

Die große Wende kam durch die Impfung gegen die Polioviren, mit der das Immunsystem des Körpers lernte, die Viren erfolgreich zu beseitigen. Heute werden fast alle Kinder gegen die Kinderlähmung geimpft, sodass die Krankheit fast ausgerottet ist.

PURKI: „Mir läuft es eiskalt den Rücken … äh … Fortsatz hinunter. Deine Schauergeschichten sind wirklich super-schaurig …"

Dabei wollte ich gerade noch eins draufsetzen: Einige Viren bleiben das ganze Leben lang in den Nervenzellen. Sie bringen die Nervenzellen nicht um, sondern bleiben „schlafend" in der Nervenzelle. Das ist so bei den Varizella-Zoster-Viren, die die Windpocken verursachen. Das ist bei Kindern eine meist harmlose Erkrankung mit Fieber und bläschenartigem Ausschlag auf der Haut, die nach wenigen Tagen folgenlos ausheilt. Aber die Viren sind damit nicht ausgerottet, sondern einige bleiben in den Nervenzellen, die Sinnesinformationen aus der Haut sammeln. Manchmal, vor allem bei Erwachsenen mit schwachem Abwehrsystem, können diese Viren dann später noch einmal ausbrechen. Sie schädigen die Nervenzellen und breiten sich in dem Hautbereich aus, für den die Nervenzellen zuständig sind. Das führt zu starken Schmerzen und heftigem Ausschlag in diesem Hautbereich. Und da solche Hautbereiche oft streifenförmig rot sind und vom Rücken zum Bauch ziehen und daher wie ein Gürtel aussehen, hat die Krankheit den Namen Gürtelrose bekommen.

PURKI: „Du meine Güte! Mir wird schon ganz heiß. Ich glaube … mein Fortsatz glüht."
PYRA: „Stell dich nicht so an!"

Dann dies zur Abkühlung: Manche besonderen Viruserkrankungen treten erst Monate oder Jahre nach der Infektion auf. Man nennt sie Slow-Virus-Infektionen und sie erzeugen langsam verlaufende, lang dauernde und oft tödliche Erkrankungen. Warum das so ist, weiß man nicht genau. Es könnte aber sein, dass die Abwehrreaktion des Körpers gegen das Virus fälschlicherweise auch Teile des eigenen Körpers angreift oder dass das Virus schwach weiterarbeitet und erst nach langer Zeit zu Schäden an den Nervenzellen führt. Wie auch immer. Solche Slow-Virus-Erkrankungen werden auch für die Hirnerkrankungen Alzheimer, Parkinson und Multiple Sklerose als mögliche Ursachen diskutiert.

PURKI: „Haaatschi! Jetzt hast du es hingekriegt mit deinen heißen und kalten Geschichten: Ich kriege Schnupfen!"
PYRA: „Womit die Frage endgültig beantwortet wäre … hi, hi!"

Haben kleinere Menschen auch kleinere Gehirne?

Grapefruit

Mehr als Erbsengröße werde ich schon haben. Das Gehirn des Menschen ist so groß wie eine Grapefruit und wiegt 1,4 Kilogramm. Also so viel wie sechs Äpfel oder fast so viel wie eineinhalb Liter Wasser in einer großen Flasche. Und das ist bei jedem Menschen so. Jedes Gehirn ist zwar ein bisschen anders, aber die Abweichungen sind gering. Es gibt mal Gehirne, die 1,2 Kilogramm haben. Und andere haben 1,5 Kilogramm. Aber schlauer oder dümmer sind die Träger dieser Gehirne dadurch nicht. Auch Albert Einstein, der vielleicht schlauste Wissenschaftler aller Zeiten, hatte ein ganz normal großes Gehirn. Deshalb wird mein Gehirn wohl mehr als erbsengroß sein. So groß wie eine Erbse ist übrigens das Gehirn einer Maus.

Nein! Es ist egal, ob man zwei Meter groß oder eher klein ist. Es ist auch egal, ob man aus Deutschland stammt oder in Afrika geboren ist. Es ist auch egal, ob man gerade zehn geworden ist oder schon Opa ist. Das Gehirn ist bei allen Menschen ungefähr gleich groß. Also: Körpergröße, Herkunft oder Alter spielen keine Rolle bei der Hirngröße. Nur bei Babys und kleinen Kindern ist das Gehirn kleiner, denn das Gehirn muss ja noch mit dem Körper mitwachsen, bis es seine normale Größe erreicht hat.

Gute Frage! Schaut euch dazu am besten mal die Bilder unten an. Fällt euch etwas auf? Klar, die Gehirne der großen Tiere sind größer als die Gehirne der kleinen Tiere, das sieht man sofort. Aber auch mit der Schlauheit ist es so: ==Je größer das Gehirn einer Tierart ist, desto intelligenter ist das Tier.== Deshalb kann der Affe mehr als der Hund. Obwohl der schon richtig klug sein kann mit seinen 100 Gramm Gehirn. Und der Hund kann mehr als der Frosch. Und der Frosch kann wiederum mehr als die Ameise. Kein Wunder, sie hat ja nur ein Tausendstelgramm Gehirn.

PYRA: „Ein Elefant hat bestimmt ein riesiges Gehirn. Ist er dann schlauer als der Mensch?"
PURKI: „Zumindest schlauer als Professor Maus."

Das hast du gut überlegt mit dem Elefanten. Das könnte man denken. Denn der Elefant hat tatsächlich ein sehr großes Gehirn, das fast fünf Kilogramm wiegt und damit ein paar Mal so groß ist wie das Gehirn des Menschen. Auch die Wale und Delfine haben riesige Gehirne. Den Rekord hält der Pottwal mit über acht Kilogramm Gehirngewicht.

Wusstest du, ...

... dass Papageien und Krähen die schlausten Vögel sind? Unter den Insekten sind die Bienen am schlausten. Diese Tiere haben auch jeweils die größten Gehirne in ihren Tiergruppen. Übrigens: In den Urzeiten der Erde waren die Gehirne noch ziemlich klein. So mancher riesige Dinosaurier brachte es gerade mal auf die Größe eines Tischtennisballs. Na ja.

Aber die Größe allein macht es dann doch nicht aus: Bei Lernaufgaben schneiden Elefanten und Wale deutlich schlechter ab als der Mensch. Vermutlich weil ihre Gehirne zwar groß sind, aber trotzdem nicht so viele und nicht so gut vernetzte Nervenzellen haben wie die menschlichen Gehirne.

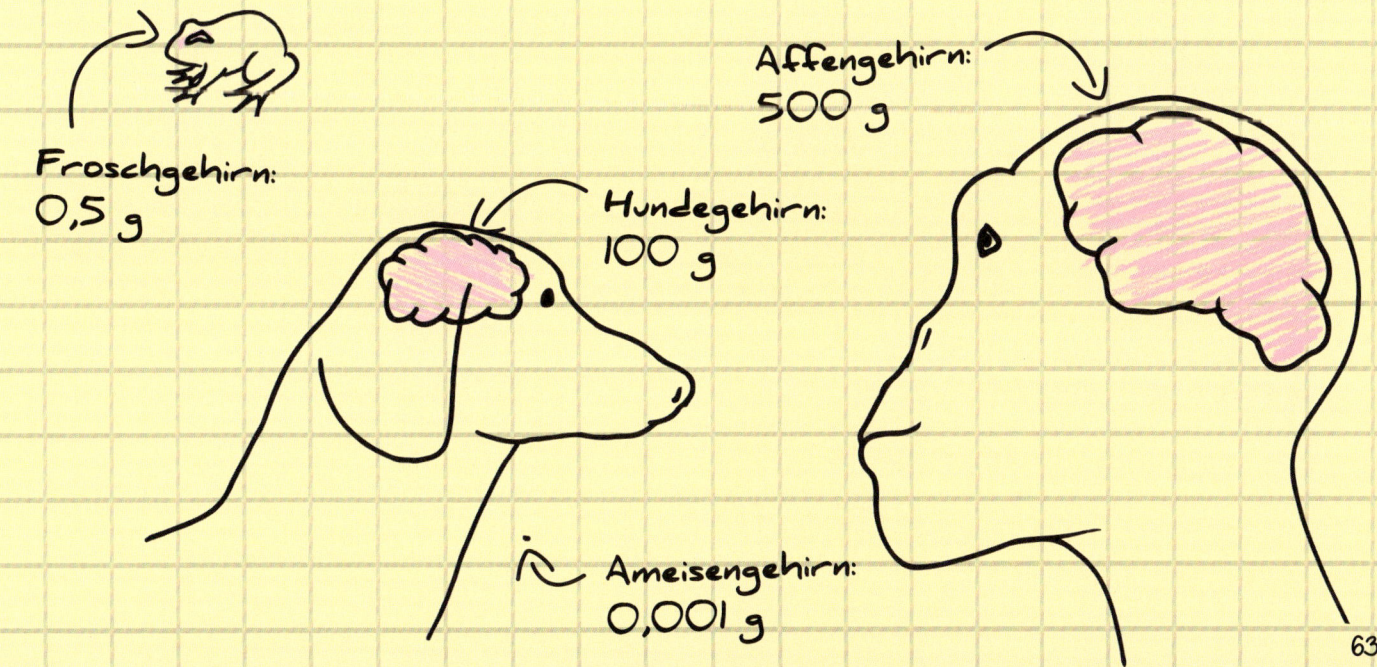

Froschgehirn: 0,5 g

Hundegehirn: 100 g

Affengehirn: 500 g

Ameisengehirn: 0,001 g

Was ist die Hirnrinde?

Die Rinde eines Baumes umgibt den Stamm des Baumes und bildet eine eigene dünne Schicht. Die Hirnrinde ist auch die äußerste Schicht des Gehirns, die mit ihrer grauen Farbe anders aussieht als der größte Teil des Inneren des Gehirns, der weiß ist. Die Hirnrinde ist zwei bis fünf Millimeter dick.

Ich zeige euch mal einen Schnitt durch einen Baumstamm und einen durch das Gehirn. Dann seht ihr gleich, woher die Hirnrinde ihren Namen hat:

Baumrinde

Hirnrinde

PURKI: „Verstehe, das macht Sinn! Und was macht sie so, diese Hirnrinde? Ist sie sehr wichtig?"

Und ob! Die Hirnrinde ist der wichtigste Ort der Verrechnung im Gehirn. Hier sitzen die meisten Nervenzellenverbindungen. Und hier sitzen deshalb auch die wichtigsten Leistungen des Gehirns: Sehen, Hören, Bewusstsein, Denken, Erfinden, Träumen, Planen, Lesen und noch vieles mehr. Alles ist hier in der Hirnrinde.

PURKI: „Wow, klingt wirklich wichtig!"

Ja, das ist sie auch. Und das wissen wir, weil die Nervenzellen in der Hirnrinde besonders empfindlich sind. Wenn das Gehirn keinen Sauerstoff bekommt, funktionieren die Nervenzellen der Hirnrinde am frühesten nicht mehr und sind auch die ersten, die absterben.

PYRA: „Aaaaahhhh! Eine Horrorgeschichte! Sofort aufhören, bitte! Mir gruselt es."

Ja, ist gut, lasst uns lieber mal schauen, wie die Hirnrinde genau aussieht:

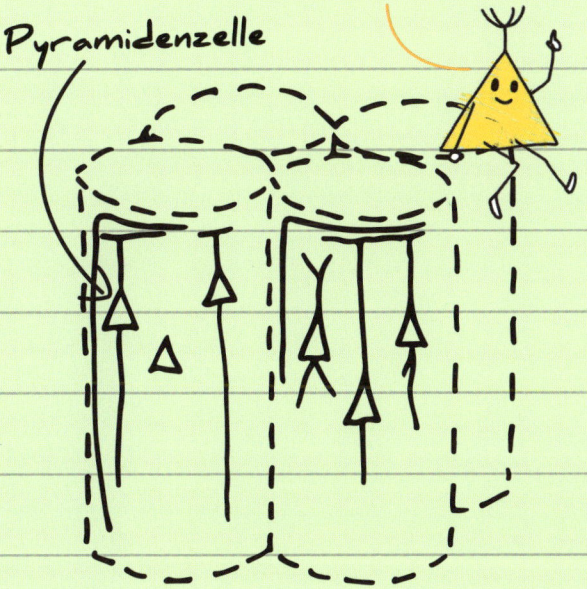

Oh ja, tatsächlich: Ich erkenne mein Zuhause!

Pyramidenzelle

sehr geheimnisvolle Nervenzellen, denn die Nervenzellen in der Hirnrinde sind so angeordnet, dass sie viele, viele kleine Säulen bilden, die nebeneinandersitzen. Das gibt es sonst an keiner Stelle im Gehirn und die Forscher rätseln noch, wie diese Verschaltung so tolle Sachen machen kann. Die Pyramidenzellen haben also mitgeholfen, dass Mozart so toll komponieren konnte, Einstein so toll nachdenken konnte und Michelangelo so toll malen konnte. Aber wir wissen nicht, vielleicht noch nicht, wie die Pyramidenzellen funktionieren und wie die Hirnrinde das genau macht.

PURKI: „Ich habe also die Ehre, mit einer geheimnisvollen Schönheit befreundet zu sein!"

PYRA: „So ist es! Und nun erweise dich dieser Ehre als würdig, Purki!"

Seht ihr? Die Hirnrinde hat einen ganz besonderen Aufbau und hier sitzen Nervenzellen, deren Körper aussehen wie kleine Dreiecke oder Pyramiden. Deshalb haben die alten Hirnforscher sie Pyramidenzellen genannt. Und zu diesen Pyramidenzellen gehörst auch du, Pyra!

PYRA: „Ja, ich weiß. Und deshalb hättest du auch mich malen können. So schön wie Gisela 93 bin ich allemal."

Du bist schöner. Und vielleicht tröstet es dich, dass die Pyramidenzellen sehr viel von den Hirnforschern untersucht werden, weil sie so wichtig für die Eigenschaften sind, auf die wir Menschen so stolz sind. Die Pyramidenzellen sind die wichtigsten Nervenzellen der Hirnrinde. Auch sind es

Wusstest du, ...

... dass es Tiere gibt, die auch ohne Hirnrinde sehr klug sind? Krähen merken sich bis zu 30 000 Futterplätze. Papageien erkennen sich selbst im Spiegel. Tintenfische können zählen und Menschen voneinander unterscheiden. Und das alles ohne Hirnrinde!

Wie lernt
das Gehirn lesen?

Die wichtigste Region für das Lesen ist das Lesezentrum – eine kleine, münzgroße Region auf der linken Seite des Gehirns, seitlich hinten etwa im Bereich des Ohres. Das ist aber nur bei Menschen so, die bereits gut lesen können. Beim Lesenlernen sind erst noch eine Reihe anderer Hirnanteile beteiligt. Ich zeichne sie hier mal mit ein:

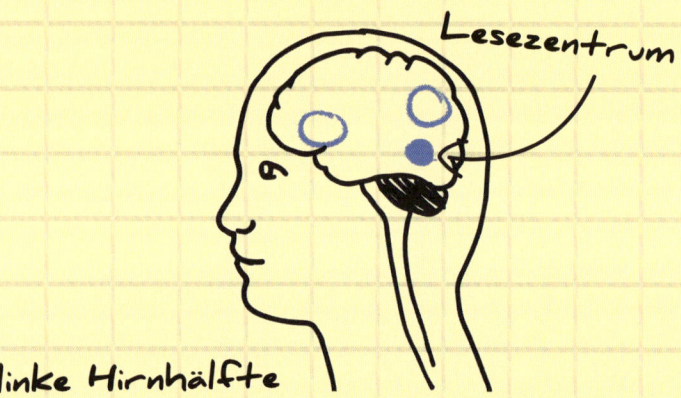

Lesezentrum

linke Hirnhälfte

Auf der anderen Seite sieht es so ähnlich aus, nur ohne Lesezentrum:

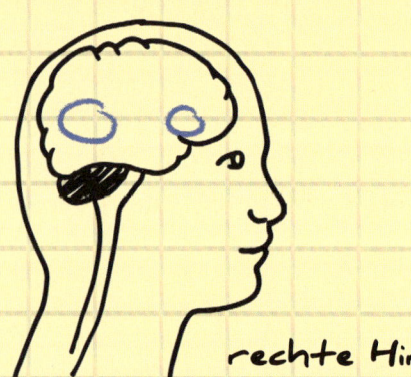

rechte Hirnhälfte

Beim Lesenlernen sind zuerst in beiden Hirnhälften größere Bereiche aktiv. Diese liegen zunächst auch vorne und haben mit Aufmerksamkeit, Planung und Gedächtnis zu tun. Je besser man lesen kann, desto weniger werden diese Bereiche gebraucht und desto mehr wird nur noch das eigentliche Lesezentrum in der linken Hirnhälfte benutzt.

PURKI: „Klar. Das Lesen geht ja mit der Zeit immer leichter."

Genau, je mehr man das Lesen übt, desto weniger anstrengend wird es. Das ist wie beim Fahrradfahren: Am Anfang ist es ganz anstrengend und man muss sich jede Bewegung überlegen, aber wenn man es immer wieder übt, wird es von Mal zu Mal leichter und schließlich geht es, ohne dass man noch darüber nachdenken muss.

PURKI: „Ich kann aber nicht Fahrrad fahren. Und lesen kann ich auch nicht."
PYRA: „Tja, du bist halt eine nicht ganz so helle Nervenzelle."

Zum Lesen braucht es ganz viele Nervenzellen, die zusammenarbeiten.

PYRA: „Pö, dazu sage ich jetzt nichts ..."

Es gibt übrigens auch Kinder, die nur schwer lesen lernen. Das sind gar nicht

Wusstest du, ...

... dass Lesen bei einigen Menschen epileptische Anfälle auslösen kann? Diese Anfälle können die Hirnfunktion so sehr stören, dass man nicht mehr lesen kann. Diesen Menschen helfen also keine Lesetrainingsprogramme, sondern Medikamente gegen die Anfälle. Wenn die epileptischen Anfälle verschwinden, verschwindet auch das Leseproblem.

wenige Kinder. Mehr als jedes zehnte Kind hat Probleme, lesen zu lernen, weil nicht die richtigen Gehirnregionen aktiv sind. Mit besonderen Trainingsprogrammen kann man diesen Kindern helfen, die richtigen Gehirnbereiche zu aktivieren, sodass sie auch gut lesen lernen können. Im Gehirn sieht man dann auch die Verlagerung der Aktivität nach links seitlich und hinten. Also wie beim normalen Lesenlernen. Aber oft merkt man es erst, wenn das Kind beim Lesen nicht so gute Fortschritte macht wie die anderen Schüler oder wenn es mit dem Schulstoff nicht richtig mitkommt. Das ist dann fast schon zu spät ...

PYRA: „Lass mich raten. Da könnt dann nur noch ihr schlauen Hirnforscher helfen ..."

Man hat zumindest schon etwas Spannendes herausgefunden: Neugeborene Babys, die später Leseprobleme haben, zeigen bei Hörtests andere Gehirnaktivität. Dabei misst man die elektrische Aktivität des Gehirns auf der Kopfoberfläche, was überhaupt nicht wehtut. Das Verfahren ist noch ziemlich ungenau und noch nicht geeignet, für jedes Baby sicher vorauszusagen, ob es später Probleme mit dem Lesen haben wird oder nicht, aber vielleicht schon bald. Dann könnte man bei den betroffenen Kindern schon früh besondere Trainingsprogramme starten und sie hätten mit der Einschulung keine Probleme mit dem Lesen.

PURKI: „Das klingt doch schon mal gut."

Wie hilft eine Eselsbrücke?

Schwierige Frage. Aber ich will gerne versuchen, es euch zu erklären. Wisst ihr überhaupt, warum die Eselsbrücken so heißen? Genauso wie man es den Eseln leichter machen muss, damit sie gut über einen Fluss kommen, muss man es dem Gehirn leichter machen, damit es sich etwas merken kann. Und dafür brauchen wir ...

PURKI: „... Eselsbrücken. Ha!"

Genau, Eselsbrücken sind Merksätze, Reime oder Geschichten, die sich leicht merken lassen und die Hinweise für schwer zu merkende Dinge beinhalten.

PURKI: „Okay, gebongt. Aber warum ist das so?"

Das Gehirn speichert anders als ein Computer. Nehmen wir einfach mal Kühe. Wenn sich ein Computer das Aussehen von drei verschiedenen Kühen merken soll, braucht er dafür drei große Speicherplätze. Für jede Kuh einen, denn jede Kuh sieht anders aus. Das Gehirn dagegen legt einen großen Speicherplatz an für die gemeinsamen Eigenschaften der Kühe: Alle haben vier Beine, ein Euter, einen Schwanz und so weiter. Und dann braucht es nur noch kleine Speicherplätze für die Unterschiede zwischen den Kühen: Eine Kuh ist hell, eine ist dunkel und so weiter. Und jetzt kommt das Geheimnis: Das Gehirn speichert, indem es Speicherplätze verbindet. Also hier im Beispiel den großen Speicherplatz mit den kleinen. Jetzt sind wie beim Computer alle Eigenschaften der Kühe abgespeichert. Da das Gehirn aber die sich wiederholenden Eigenschaften der Kühe nur einmal abspeichert – und nicht wie der Computer bei jeder Kuh aufs Neue – spart es damit viel Speicherplatz.

Ich male euch mal ein Beispiel mit drei Kühen und – sagen wir mal – vier Eigenschaften für jede Kuh:

Versuch's mal

Oft stecken in den Anfangsbuchstaben einer Eselsbrücke weitere Informationen. Ein Beispiel ist dieser Satz: „Geh, du alter Esel, hole Fische." Mit ihm kannst du dir die Reihenfolge der Dur-Tonarten mit Kreuzvorzeichen in der Musik merken: G-Dur, D-Dur, A-Dur, E-Dur, H-Dur und Fis-Dur Noch ein Beispiel? Kein Problem. „Mein Vater erklärt mir jeden Sonntag unseren Nachthimmel." Hier stehen die Anfangsbuchstaben für die Planeten des Sonnensystems: Merkur, Venus, Erde, Mars, Jupiter, Saturn, Uranus und Neptun.

Kuh 1   Kuh 2   Kuh 3

Computer

	Kuh 1	Kuh 2	Kuh 3
Beine	4	4	4
Euter	Ja	Ja	Ja
Farbe	gescheckt	hell	dunkel
Hörner	Ja	Ja	Ja

= <u>12</u> Speicherplätze

Gehirn

	Kuh 1	Kuh 2	Kuh 3
Beine	←	4	→
Euter	←	Ja	→
Farbe	gescheckt	hell	dunkel
Hörner	←	Ja	→

= <u>6</u> Speicherplätze

PURKI: „Aufgepasst! Ich habe jetzt auch mal einen Merksatz: Fällt dem Professor nichts mehr ein, quasselt er von Kuh und Schwein."

PYRA: „Warum Schwein?"

PURKI: „Schwein muss sein, für den Reim."

Diese Art der Speicherung lässt sich übrigens jederzeit beliebig erweitern und auf andere Inhalte anwenden. Also wenn man sich jetzt noch drei Schweine …

PURKI: „Hab' ich's nicht gesagt!"

… merken soll, muss der Computer wieder alles neu abspeichern, während das Gehirn auf Eigenschaften zurückgreifen kann, die

es schon bei den Kühen abgespeichert hat. Das spart wieder Speicherplatz und …

PYRA: „… und man muss sich weniger neu merken."

Exakt! Versteht ihr jetzt? Eselsbrücken funktionieren, weil unser Gehirn beim Abspeichern verschiedene Informationen miteinander verknüpfen kann. Sie verbinden Vertrautes oder leicht zu Lernendes mit einer schwierig zu merkenden Information, sodass das Gehirn mit einem einzigen neuen und leichten Lerninhalt eine ganze Kette von Inhalten abspeichert. Also ein gut zu lernender Spruch …

PURKI: „… und schon ist es drin in der Birne!"

Gibt es Gehirntricks, wie man sich Sachen leichter merken kann?

Es sind nicht direkt Tricks, aber wenn man versteht, wie das Gehirn funktioniert, dann kann man dem Gehirn schon Sachen so vorlegen, dass sie leichter ins Gedächtnis kommen.

Ein paar Sachen habe ich euch schon genannt: Das Gehirn speichert leichter, was wiederholt kommt. Wenn man sich etwas unbedingt merken will, muss man es dem Gehirn immer wieder anbieten. Vokabeln muss man also wiederholen …

PYRA: „Toller Trick. Darauf wäre ich auch gekommen."

… und wenn man eine Melodie lernen soll, dann hilft es, sie sich im Repeat-Modus immer wieder vorspielen zu lassen.

Dann sind da die Gefühle. Gefühle können das Merken erleichtern. Einige lernen besonders gut, wenn sie Angst haben, weil die Klassenarbeit schon bald kommt … Und es gibt auch Sachen, die man nicht mehr vergisst, weil man sich gerade in dem Moment erschrocken hat. Besser ist es aber, positive Gefühle zu nutzen und sich

selbst zu belohnen, wenn man ein Lernziel erreicht hat. Oder beim Vokabellernen an die nette Freundin in England zu denken, mit der man sich doch gerne richtig unterhalten möchte.

PURKI: „Gleich kommst du noch mit Verlieben …"

Das ist natürlich die ideale Methode, eine fremde Sprache zu lernen. Denn höher ist die Motivation wohl nie, eine Sprache zu können – und das Gehirn lernt da superschnell.

Liebe, Liebe, Liebe. Ich kann's nicht mehr hören!

Ach ja, Liebe bewirkt einfach … Wunder, auch Gedächtniswunder!

Aber Liebe lässt sich nicht steuern, da gehe ich lieber weiter zu den richtigen Tricks.

Über Eselsbrücken haben wir schon gesprochen. Das Prinzip dahinter ist: Das Gehirn lernt leichter über die Verknüpfung von neuen mit bereits gespeicherten Informationen. Lernsprüche kann man googeln, aber auch selbst erfinden.

So, und jetzt kommen die neuen Tricks:

PURKI: „Wurde aber auch Zeit. Bis jetzt hast du nur Sachen gesagt, die ich schon kannte."

Okay, es geht los: Das Gehirn hat eine hohe Speicherfähigkeit für Bilder, weil das Sehen der vermutlich wichtigste Sinn des Menschen ist. Das machen sich Gedächtniskünstler und -meister zunutze, indem sie zum Beispiel eine Kette von Zahlen in eine Bildergeschichte umsetzen. Also: Die Zahlen 7, 12, 365 und 47 kann man sich leichter merken, wenn man eine Geschichte erfindet wie: „Als die 7 Zwerge die 12 Apostel trafen, wollen sie an allen Tagen des Jahres 47 Eimer Marmelade kochen." Mit dem Umsetzen von Lerninhalten in Bilder kann man leichter lernen.

Dann ist es für das Lernen wichtig zu schlafen. Denn: Im Schlaf werden Gedächtnisinhalte verfestigt. Beim Schlafen werden die Verbindungen zwischen den Nervenzellen zunächst abgeschwächt, dann aber die noch bestehenden Verbindungen wieder verstärkt. Das hat die Wirkung, dass unwichtige und störende Informationen, die

das Lernen ja auch manchmal behindern können, vergessen werden und dass das intensiv Gelernte verfestigt wird und besser im Gedächtnis bleibt. Also ist es sicher besser, früh genug ins Bett zu gehen und gut zu schlafen, als bis tief in die Nacht zu lernen.

PURKI: „Ich schlafe schon."

Sehr gut.

Wusstest du, …

… dass das Kurzzeitgedächtnis ständig neu überschrieben wird? Wenn du also abends noch etwas gelernt hast, solltest du danach auf deine spannende Lieblingsserie im Fernsehen verzichten — sonst wird das mühselig Gelernte wieder überschrieben, bevor es im Schlaf gefestigt werden kann.

Ist das Gehirn ein Computer?

Na ja, manchmal wird das Gehirn auch als „Computer im Kopf" bezeichnet und das kann man auch so sagen, denn: Wie ein Computer verrechnet auch das Gehirn Informationen. Informationen, die zum Beispiel über unsere Augen und Ohren kommen – oder aus dem Körper selbst, etwa von der Lunge oder aus dem Magen.

PURKI: „Aha. Und wo ist dann unsere Steckdose?"

Der Computer bekommt seine Energie aus der Steckdose, das stimmt. Unser Gehirn bekommt seine Energie aber aus dem Blut. Wenn das nicht mehr fließt, gibt es keinen Energienachschub und das Gehirn kann nicht mehr funktionieren. Aber lasst uns mal lieber mit den Bausteinen anfangen.

Der erste Unterschied ist: Der Computer besteht aus Metall und Kunststoff, das Gehirn natürlich nicht. Das Gehirn besteht vor allem aus Fetten, Eiweißkörpern und ganz viel Wasser. Das Gehirn gleicht daher weniger einem Geflecht aus Metallleitern als …

PURKI: „… einem Schwimmbad!"

Das Schwimmbad ist ein guter Vergleich. Da gehen auch ständig Körper ins Wasser rein und wieder raus. Im Gehirn sind das aber elektrisch geladene Teilchen, die an den Nervenzellen rein- und rausgehen. Denn: Computer und auch Gehirn arbeiten elektrisch. Das Gehirn arbeitet aber natürlich nicht mit winzigen Elektronen aus Metallverbindungen wie der Computer, sondern mit anderen elektrischen Teilchen.

Ein anderer Unterschied sind die „Bauteile", in denen die elektrischen Prozesse ablaufen. Im Computer sind es winzige Metallteile, die durch besondere Isolierschichten getrennt sind, im Gehirn sind es die …

PYRA: „… die wunderschönen, perfekten, großartigen, unübertrefflichen, genialen …"
PURKI: „… Nervenzellen!"

Ja, ist ja gut. Also ganz andere Bauteile und Arbeitsweisen. Aber es gibt auch Gemeinsamkeiten: Die Verarbeitung der Informationen erfolgt wie in einem Computer auch im Gehirn zum Teil digital. Denn im Gehirn werden Informationen in kurze

Spannungsimpulse übersetzt und das Muster von Spannungsimpuls und Pause ist auch ein digitaler Code.

PYRA: „Mag sein. Aber die Unterschiede überwiegen ja. Dann haben Gehirn und Computer sicher auch unterschiedliche Stärken und Schwächen?"

Stimmt. Dabei ist es vor allem eine Eigenschaft, die den Unterschied ausmacht: Das Gehirn wird ständig umgebaut, der Computer ist fest verdrahtet. Stell dir vor, du hast in einer Stadt zwei Straßen. Eine bleibt immer so, wie sie ist, die andere wird ständig umgebaut. Was wäre der Unterschied?

PYRA: „Auf der unveränderten Straße könnte man immer fahren und man käme immer gut durch. Die andere wäre dagegen ständig gesperrt oder man könnte nur langsam fahren. Sehr nervig."

PURKI: „Schön. Aber dafür könnte man bei der Ich-verändere-mich-Straße auch eine Zufahrt für ein neu gebautes Haus, eine Haltestelle vor der Schule oder andere tolle Dinge miteinbauen."

Super, da waren schon alle Vor- und Nachteile dabei, die Gehirn und Computer ausmachen. Die feste Verdrahtung im Computer hat den Vorteil: Der Computer arbeitet schneller und genauer. Wie ein Taschenrechner, der immer schneller ist als das Rechnen im Kopf und sich nie verrechnet.

PYRA: „Na toll. Dann lass aber mal schnell den Vorteil des Gehirns hören — sonst fühle ich mich minderwertig gegenüber diesem Metallschrott."

Der Umbau im Gehirn hat einen anderen Vorteil: Das Gehirn ist flexibler als der Computer. So kann das Gehirn viel besser lernen und sich besser auf neue Situationen einstellen. Das Gehirn kann neben Schach auch Mühle oder Dame lernen. Der Schachcomputer nicht.

Aber es gibt auch noch einen anderen großen Vorteil: Das Gehirn erkennt Muster besser als der Computer.

PURKI: „Muster? Wie ein Muster auf einer Tapete?"

Ja, genau. Ein Muster ist etwas, das sich wiederholt. Zum Beispiel auch ein Muster auf einer Tapete. Aber Muster sind nicht immer genau gleich. In der Musik wird ein Thema im Laufe eines Stückes oft verändert, in einer anderen Tonart oder schneller gespielt. Das Gehirn kann auch in komplizierten Musikstücken dasselbe Thema immer wiederfinden. Der Computer kann solche Mustererkennung nur schlecht. Denkt nur an die Computer, die Telefongespräche annehmen und die dann oft nachfragen müssen, weil sie den Anrufer nicht verstehen, sobald er undeutlich spricht.

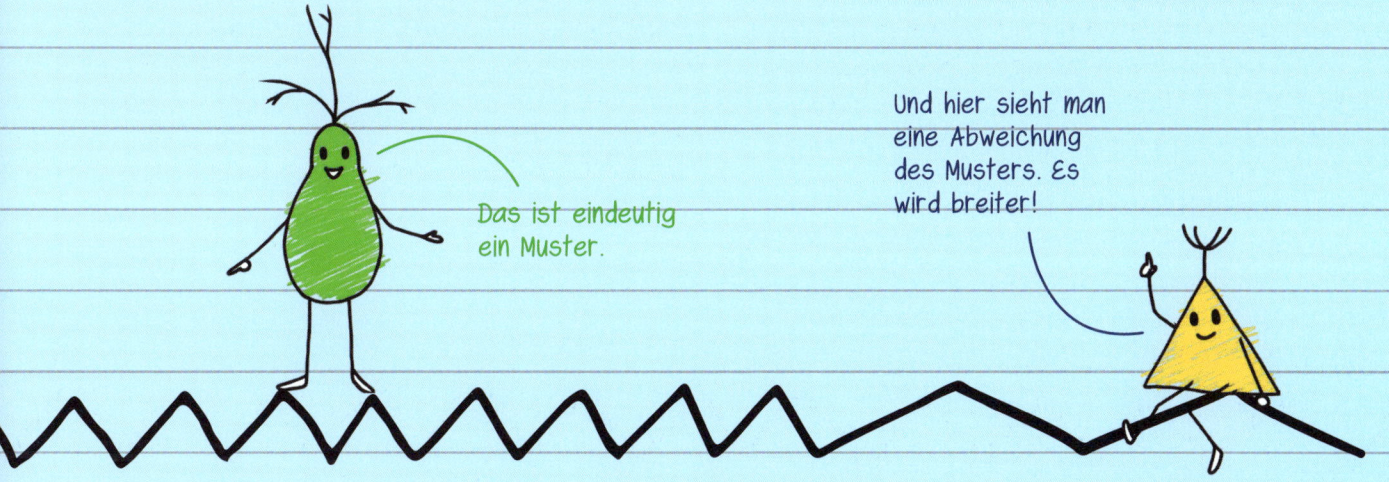

Das ist eindeutig ein Muster.

Und hier sieht man eine Abweichung des Musters. Es wird breiter!

Stehen Nervenzellen immer unter Strom?

PYRA: „Jetzt red keinen Quatsch. Das ist doch gar nicht gemeint.“

Genau. Wenn ich mich mal einmischen darf: Es geht hier nicht um Partys, sondern um elektrischen Strom. So was wie der Strom aus der Steckdose.

PURKI: „Ach so ... schade ...“

PYRA: „Lass mich mal: Wir fleißigen Nervenzellen arbeiten ja von früh bis spät, damit die Gehirne immer schön denken können — und noch so ein paar andere Sachen machen können. Wir lassen elektrisch geladene Teilchen in uns rein — oder werfen sie wieder raus. Dadurch entstehen elektrische Signale, mit denen das Gehirn dann rechnen und arbeiten kann.“

PURKI: „Stimmt das? Was sagt denn unser Professor Oberschlau dazu?“

Ach, ich wollte mich gerade ein wenig ausruhen, weil Pyra das so gut erklärt. Sie hat nämlich völlig recht: Nervenzellen machen Stromimpulse.

In der Wand der Nervenzelle gibt es kleine Kanäle. Ihr könnt sie euch wie kleine Röhrchen vorstellen. Wenn sie geöffnet werden, strömen elektrisch geladene Teilchen in die Nervenzelle. So wie Wasser einströmt, wenn ein Boot ein Loch im Boden hat. Die Röhrchen lassen aber immer nur eine Art von Teilchen durch. Das gibt dann einen elektrischen Stromimpuls, der wiederum dadurch beendet wird, dass sich die Röhrchen von alleine schließen und die geladenen Teilchen wieder aus der Nervenzelle herausgepumpt werden. Insgesamt entsteht ein kurzer Stromimpuls mit einer Länge von etwa einer Tausendstelsekunde. Klingt kompliziert? Ich male es mal auf:

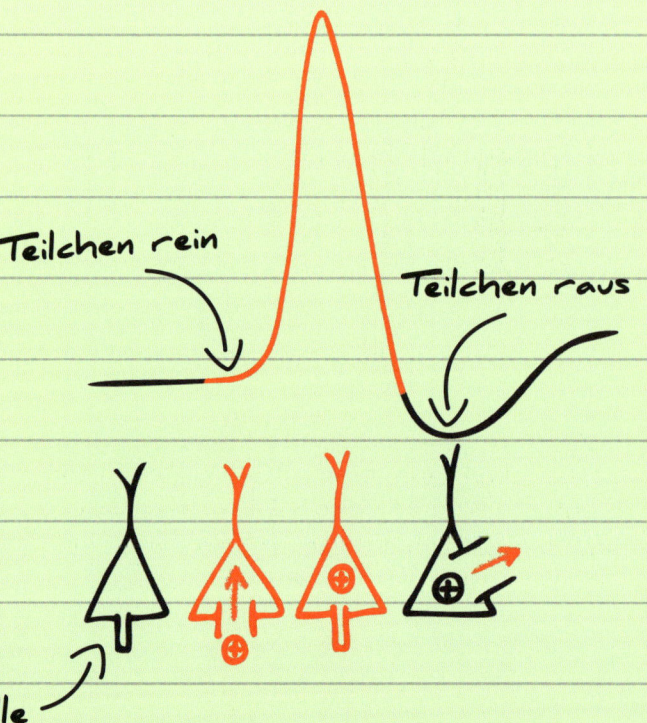

Teilchen rein

Teilchen raus

Nervenzelle

PYRA: „Dieser Stromimpuls ist das Signal, mit dem wir Nervenzellen alle Verrechnungsprozesse im Gehirn machen. Also denken, fühlen, behalten und, und, und. Je nachdem wann und wie häufig wir solche Stromimpulse machen, können wir etwas anderes sagen."

Oder anders gesagt: In der Abfolge der Stromimpulse wird die Information im Gehirn verrechnet und weitergeleitet.

PYRA: „Das war dasselbe ..."
PURKI: „Nur komplizierter."

Okay, dann zeige ich euch mal auf, wie das aussehen kann. Das hier ist ein Ausschnitt aus der Arbeit einer Nervenzelle bei einem Meerschweinchen:

Stromimpuls

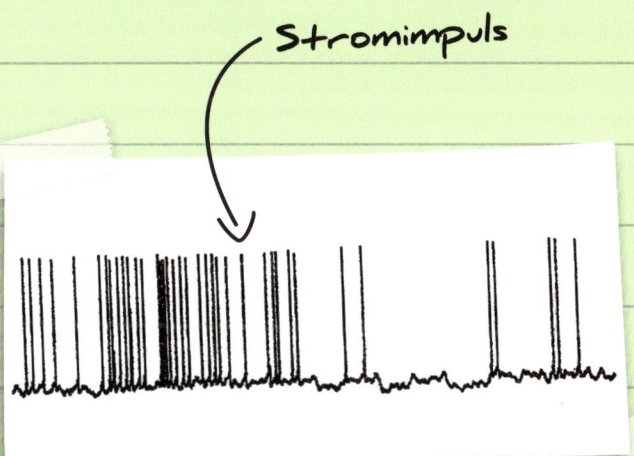

Ihr seht, dass die Stromimpulse alle ungefähr gleich aussehen. Aber sie kommen in unterschiedlichen zeitlichen Abständen. Und im Abstand der Stromimpulse wird alles verschlüsselt. So wie ein Morse-Code.

PYRA: „Meerschweinchen ist aber ein gutes Stichwort. Sind denn bei allen Tieren diese Stromimpulse so kurz?"

Bei den Säugetieren sind die Stromimpulse ähnlich. Und eben nur eine Tausendstelsekunde lang. Das ist sehr wenig. Sag doch mal „einundzwanzig". In der Zeit hat eine Nervenzelle vielleicht schon tausend Stromimpulse gemacht.

Wenn man zu einfacheren Tieren kommt, dauern diese Stromimpulse länger. Damit können aber pro Sekunde nur noch weniger Stromimpulse erzeugt werden. Weniger Stromimpulse pro Sekunde heißt aber auch weniger Information pro Sekunde. Dann ist die Leistungsfähigkeit der Gehirne nicht so hoch. So wie man viel mehr Buchstaben auf ein Blatt Papier bekommt, wenn die Buchstaben 5 Millimeter groß sind, als wenn sie eine Größe von 10 Zentimetern haben.

Bei Schnecken zum Beispiel, die ja nicht gerade Intelligenzbestien sind, haben die Stromimpulse eine Länge von einer Hundertstelsekunde, sind also zehn Mal länger als beim Meerschweinchen oder auch beim Menschen. Kein Wunder, dass dann bei der Schnecke alles etwas langsamer geht ...

Wo sitzt das Lesen
im Gehirn?

Dazu erzähle ich euch am besten eine Geschichte.

PURKI: „Ein Märchen?"

Nein, eine wahre Geschichte – aus dem Tagebuch eines Arztes. Er hat aufgeschrieben, was am 15. November 1887 passiert ist.

PURKI: „Dann also los."
PYRA: „Bin schon sehr gespannt."

Der 15. November 1887 war ein sonniger Tag in Paris. Und es war der Tag, an dem der Arzt Joseph Jules Dejerine seinen Patienten Herrn C. kennenlernte. Herr C. war ein pensionierter Seemann, Musikliebhaber und begeisterter Leser, der einige Tage vorher im Sessel sitzend von einem Augenblick auf den anderen bemerkte, dass er in dem Buch, das er gerade las, nicht mehr weiterlesen konnte. Herr C. hielt dies zunächst für ein Augenproblem und ging zum Augenarzt. Der schickte ihn aber schnell zu Dejerine, der Arzt für Gehirnerkrankungen war. Dejerine untersuchte ihn sehr genau und stellte fest, dass Herr C. kein einziges Wort mehr lesen konnte, aber er konnte sprechen, Gegenstände benennen und auch schreiben. Doch sogar das von ihm selbst Geschriebene konnte er nicht mehr lesen.

Dejerine konnte ihm auch nicht helfen, aber er untersuchte das Gehirn von Herrn C. nach dessen Tod viele Jahre später und entdeckte dann ein Loch im linken seitlich hinteren Bereich des Gehirns, wo normalerweise Hirngewebe ist. Ungefähr hier:

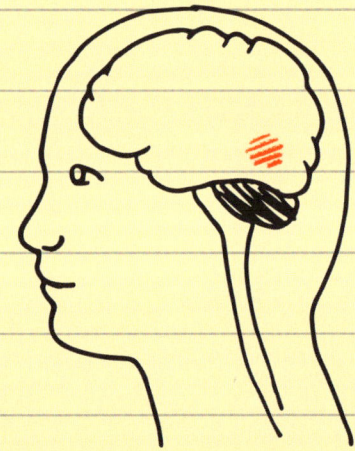

Vermutlich hatte Herr C. am 15. November 1887 einen kleinen Schlaganfall gehabt und an dieser Stelle waren dadurch die Nervenzellen kaputtgegangen. Dies war der erste und sehr eindeutige Hinweis: Das Lesezentrum sitzt seitlich hinten und links im Gehirn.

PURKI: „Und wie ging es dann weiter?"

Man hat weitergeforscht und auch Untersuchungen an lebenden Menschen gemacht, bei denen man die Nervenzellaktivität im Gehirn gemessen hat. Sie haben gezeigt, dass diese Stelle beim Lesen hochaktiv ist. Und dass die Nervenzellen hier nicht aktiv sind, wenn es keine Buchstaben, sondern andere Zeichen sind, wenn es Worte in einer fremden Sprache sind oder wenn es unbekannte Buchstaben aus einem anderen Alphabet sind. Daher ist man jetzt sicher, dass diese Stelle im Gehirn ganz wichtig für das Lesen ist und so etwas wie das Lesezentrum des Gehirns darstellt. Aber natürlich nicht allein.

PYRA: „Wieso natürlich? Welche Teile des Gehirns sind denn noch am Lesen beteiligt?"

Vor allem die Gehirnbereiche für das Sehen, die hinter dem Lesezentrum liegen, und die für das Hören, die davor liegen. Das sind diese Stellen:

Sehen ist wohl klar, denn wir müssen beim Lesen die Buchstaben ja erst mit den Augen sehen. Und Hören ist wichtig, weil wir die Bedeutung vieler Worte erst gelernt haben, nachdem wir sie mit den Ohren gehört haben. Denkt mal an ein kleines Kind, das begeistert einen Hund beobachtet. Die Eltern sagen dann „Hund" und das Kind lernt, dass dieses tolle Tier ein Hund ist. Also: ==Die Hör- und Sehregionen des Gehirns, die vor und hinter dem Lesezentrum liegen, sind für das Lesen auch wichtig.==

PURKI: „Du hast vorhin „vor allem" gesagt. Sind denn NOCH mehr Hirnteile am Lesen beteiligt?"

Ja, sogar ziemlich viele. Denk nur daran, dass man beim Lesen ein Buch halten und dass man umblättern muss. Dazu müssen Hand und Arm durch das Gehirn gesteuert werden. Außerdem klappt Lesen nicht, wenn man müde oder unkonzentriert ist. Also müssen auch die Bereiche des Gehirns aktiv sein, die für Aufmerksamkeit und Konzentration zuständig sind. Und so weiter.

Sehen

Hören

Lesezentrum

Können Schnecken Nervenzellen lahmlegen?

PURKI: „Das ist ja echt eine birnige Frage. Schnecken sind doch viel zu langsam für uns Nervenzellen. Und hast du Schlaumeier schon mal eine Schnecke im Gehirn gesehen?"

PYRA: „Da hat Purki recht. Lass uns also lieber gleich zur nächsten Frage gehen."

Halt, nicht so schnell! Die Frage ist nämlich gut. Und die Antwort darauf ist: Ja! Schnecken können Nervenzellen lahmlegen.

PURKI: „Jetzt machst du Witze mit uns."

Sie heißen Kegelschnecken und haben einen Rüssel, über den sie wie mit einer Harpune einen kleinen Giftpfeil auf einen Fisch schießen können.

Wenn der Giftpfeil den Fisch trifft, tut ihm das natürlich weh. Eigentlich würde er dann sofort mit Volldampf wegschwimmen. In einer Verfolgungsjagd hätte die in der Tat recht langsame Schnecke keine Chance. Deshalb muss das Gift sehr, sehr stark sein und den Fisch sofort töten oder lähmen. Das Gift heißt Conotoxin und ist eines der stärksten Gifte, die wir kennen. Weniger als ein millionstel Gramm – also das Gewicht eines Staubkorns – sind für den Menschen schon tödlich. Und da das Gift sehr schnell wirken soll, setzt es nicht am Herzen oder an der Leber an, sondern …

PYRA: „Am Gehirn!"

Kegelschnecke

Giftpfeil

Genau. Das Gift der Kegelschnecken setzt an den Nervenzellen an. Es setzt die Nervenzellen schachmatt, indem es Kanälchen blockiert, die die Nervenzelle für die Veränderung der elektrischen Spannung braucht. Dadurch können die Nervenzellen innerhalb von Bruchteilen einer Sekunde nicht mehr arbeiten. So kann das Gehirn nicht mehr funktionieren und auch nicht mehr die Muskeln bewegen. Der Fisch ist gelähmt und stirbt.

Wusstest du. ...

... dass einige tierische Gifte als Medikamente verwendet werden? Das Gift der Kegelschnecke kann bei schweren Schmerzerkrankungen helfen, das des Kugelfisches bei einigen Erkrankungen, die mit Muskelkrämpfen einhergehen. Das Schlangengift der Grubenotter wird manchmal beim Schlaganfall eingesetzt, um den Blutpfropf aufzulösen. Und Skorpiongift wird für die Behandlung von Krebs im Gehirn erprobt.

PURKI: „Ach du meine Güte, das ist ja wirklich eine richtige Killerschnecke! Jetzt wirst du aber nicht mehr baden gehen, oder?"

Keine Sorge. Solche Kegelschnecken gibt es hier nicht. Und auch im Mittelmeer gibt es nur Kegelschnecken, die dem Menschen nicht gefährlich werden können. Da muss man schon weit wegfliegen. Jedes Jahr sterben auf der Welt ungefähr zehn Menschen an solchen Schnecken.

Mehr Menschen sterben aber an einem anderen Gift. Das Gift des Kugelfisches ist sehr stark und heißt Tetrodotoxin. Auch dieses Gift blockiert Kanälchen in den Nervenzellen und legt so die Hirnfunktion lahm. Es gibt hier mehr Todesfälle, weil Menschen diesen Fisch essen. So sieht er übrigens aus:

Kugelfisch

PURKI: „Waaaas?!? Ihr Menschen seid aber auch echt ein wenig schwach in der Birne ..."

Bei der Zubereitung dieses in Asien gegessenen Fisches muss man aufpassen, dass man die inneren Organe nicht verletzt, in denen das Gift sitzt. Es würde sonst in das Fischfleisch sickern. Wenn man den Fisch dann isst, blockiert das Gift die Nervenzellen, man ist gelähmt und kann auch nicht mehr atmen, weil man für das Einatmen die Atemmuskeln braucht. Ohne Atmung kommt keine frische Luft in die Lunge und das Gehirn bekommt keinen Sauerstoff mehr ...

PYRA. „... und die Nervenzellen sterben."

Genau. Wollt ihr noch mehr hören? Es gibt noch viele andere Tiere, die mit Nervenzellgiften arbeiten. Spinnen, Schlangen oder Skorpione töten so Beutetiere oder wehren sich gegen Angreifer. Was wollt ihr hören?

PYRA: „Danke, ich habe jetzt wirklich schon genug Gruselgeschichten gehört."

Ist das Gehirn glitschig?

Es ist sogar ziemlich glitschig – zumindest, wenn man es frisch aus dem Kopf holt. Denn das Gehirn liegt im Kopf in einer öligen Flüssigkeit.

PURKI: „Bääh, voll eklig. Das Gehirn ist doch kein Schweinebraten in Soße!"

PYRA: „Ja, was soll der Quatsch?"

Die Flüssigkeit hat schon ihren Sinn, denn sie schützt das Gehirn vor Schäden. Das kann man sich klarmachen, wenn man versucht, einen Ball unter Wasser gegen die Wand des Schwimmbeckens zu werfen. Das ist sehr viel schwerer als über Wasser. Und so ist es auch beim Gehirn: Die umgebende Flüssigkeit puffert Stöße auf das Gehirn ab.

Das ist aber nicht die einzige Aufgabe der Flüssigkeit. Sie heißt übrigens Hirnflüssigkeit oder Liquor. Es gibt nämlich noch Hohlräume im Inneren des Gehirns und diese sind auch mit der Hirnflüssigkeit gefüllt. Schaut mal: Alle Stellen im Gehirn, wo Liquor ist, male ich blau an. Diese Räume sind alle mit der Hirnflüssigkeit gefüllt und sie sind miteinander verbunden.

PURKI: „Das Ganze sieht ja aus wie ein Fluss mit Seitenarmen zum Schiffchenfahren!"

Genau! Wie ein Fluss aus einer Quelle entspringt, so gibt es auch Orte im Gehirn, an denen die Hirnflüssigkeit gebildet wird. Und das ist nicht wenig. Etwa zwei Wassergläser voll werden pro Tag neu gebildet und

fließen dann durch und um das Gehirn. Über die Nerven oder das Rückenmark wird die verbrauchte Hirnflüssigkeit wieder aufgenommen und ins Blut zurückgegeben. Das erzeugt ...

PYRA: „.... Strömung! Genial."

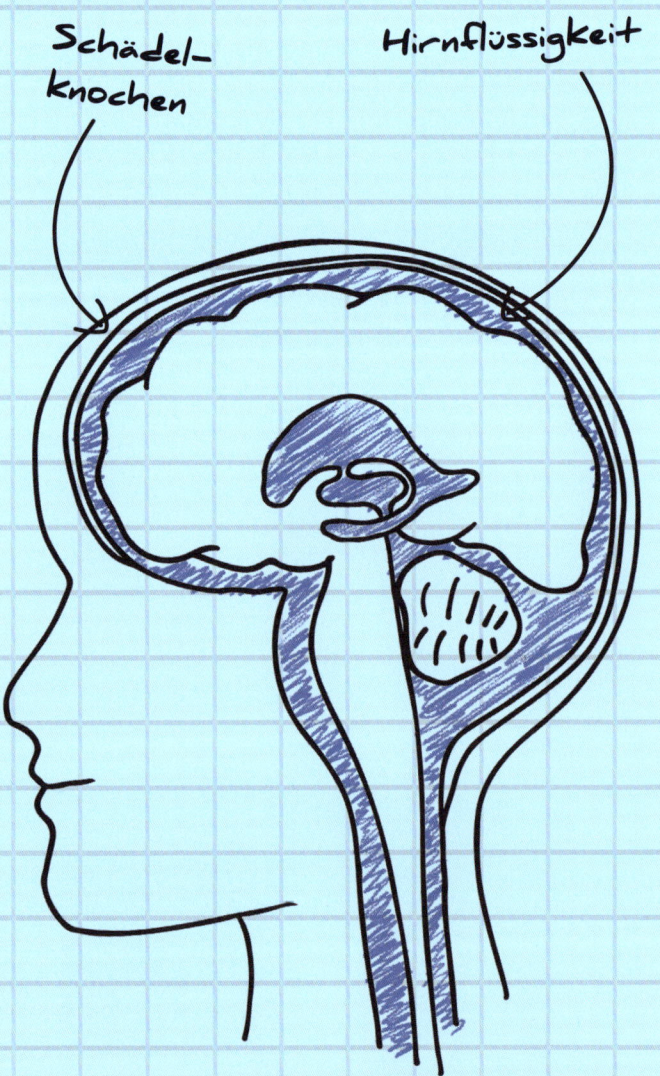

Schädel-knochen

Hirnflüssigkeit

Richtig: Die Hirnflüssigkeit strömt um und durch die Hohlräume des Gehirns. Der Sinn ist noch nicht ganz klar. Aber es gibt viele Hinweise darauf, dass hier auch Stoffe transportiert werden, die das Gehirn braucht. Es ist also nicht nur ein Kanalsystem, sondern: ==Die Hirnflüssigkeit ist auch ein Transportsystem im Gehirn.==

Sie ist übrigens klar und farblos und enthält fast keine Zellen. Im Gegensatz zum Blut, in dem massenhaft rote Blutkörperchen herumschwimmen. Sie hat auch weniger Zucker und Eiweiß als das Blut. Deshalb macht es manchmal Sinn, die Hirnflüssigkeit zu untersuchen. Denn viele Zellen und viel Eiweiß können ein Hinweis auf eine Entzündung im Gehirn sein.

PYRA: „Okay, aber jetzt lassen wir mal die Flüssigkeit weg. Das ist schon klar: Wenn etwas nass ist, dann ist es auch glitschig."

PURKI: „Das kenne ich! Das ist auch so, wenn ein Fußball nass ist. Dann ist er für den Torwart viel schwieriger festzuhalten! Aber wie fühlt sich ein … äh … ein abgetrocknetes Gehirn an?"

Das kommt darauf an, welche Oberfläche du meinst, denn: ==Das Gehirn ist noch von mehreren Hüllschichten umgeben.== Sie dienen der „Ernährung" des Gehirns, indem sie Blutgefäße enthalten, die die benötigten Stoffe zum Gehirn transportieren. Und sie helfen auch beim Schutz und der Befestigung des Gehirns im Schädel, damit das Gehirn nicht locker im Kopf herumschwimmen kann. Etwa so, wie man eine kostbare Vase, wenn man sie verschicken will, erst sorgfältig einpackt und in einen stabilen Karton packt, bevor man das Paket zur Post bringt.

PURKI: „Ich meine, wenn man wirklich direkt die Oberfläche des Gehirns berührt. Ganz ohne diese anderen Hüllschichten."

Jetzt wirst du staunen! Dann fühlt sich das Gehirn wie eine Pflaume oder eine Aprikose an: glatt, weich und ein wenig wie Samt.

PURKI: „Okay, ich staune tatsächlich."

Versuch's mal

Nimm zwei Eier und lege sie in zwei Marmeladengläser. Füll das eine möglichst luftblasenfrei mit Wasser, dann schraub beide Gläser zu und schüttele sie. Erst langsam und dann ein bisschen mehr. Welches Ei hält die Erschütterungen besser aus? (Wenn du nicht zu heftig schüttelst, kannst du die Eier noch für Pfannkuchen verwenden.) Jetzt weißt du, warum das Gehirn im Kopf von Flüssigkeit umgeben ist.

Macht das Gehirn die Augen groß?

Die Augen werden gar nicht größer oder kleiner. Aber es kommt uns manchmal so vor. Das liegt daran, dass wir vom Auge meist nur den vorderen Teil sehen. Und das ist ein kreisrundes Loch, das Pupille heißt. Durch die Pupille fällt Licht ins Auge – und sie ist tatsächlich mal größer und mal kleiner. Die Größe der Pupille wird in der Tat durch das Gehirn geregelt.

PURKI: „Ach, echt? Und warum muss da überhaupt was geregelt werden?"

Wenn die Pupille groß ist, kann mehr Licht ins Auge fallen; wenn sie klein ist, kommt nur wenig Licht durch. Die Pupille muss sich vor allem bei extremen Lichtverhältnissen anpassen, denn die Zellen im Auge, die das Licht in elektrische Signale übersetzen, können nur in einem mittleren Helligkeitsbereich gut arbeiten. Wenn es also am Morgen oder am Abend etwas dunkler ist, wird die Pupille erweitert, sodass mehr Licht ins Auge einfallen kann und die Helligkeit für die Zellen ausreicht. An sonnigen Tagen und in der Mittagszeit, wenn es besonders hell ist, sind die Zellen im Auge aber überfordert vom Licht und durch die Verringerung der Pupillenweite wird die Helligkeit im Auge vermindert, sodass die Zellen wieder arbeiten und elektrische Signale für

das Gehirn erzeugen können. Also: Durch die Veränderung der Pupillenweite funktioniert das Auge auch bei extremeren Lichtverhältnissen. Schaut mal:

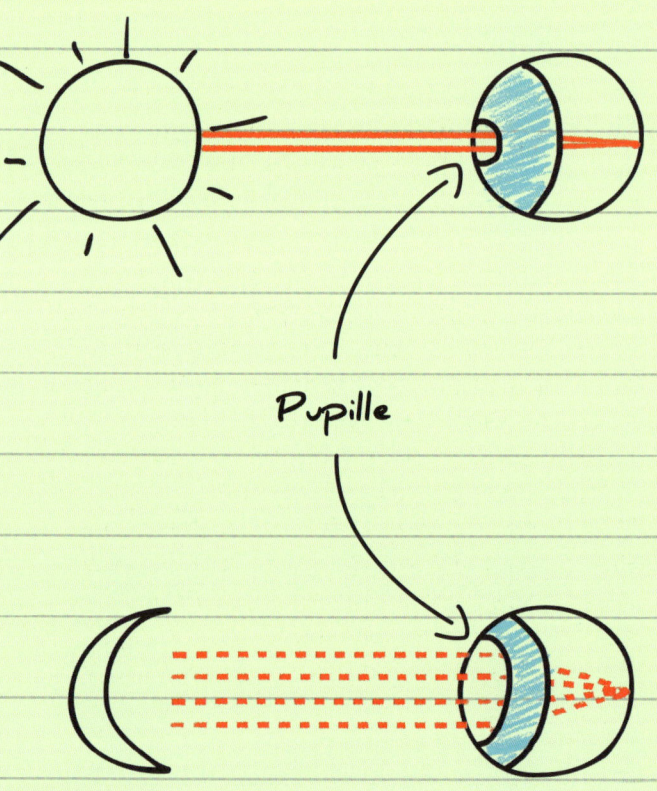

Pupille

PURKI: „Buuuuh! Uiiiih! Buuuuh!"

Was soll denn das jetzt?

PURKI: „Na, ich will dich erschrecken, um zu sehen, wie deine Pupille vor lauter Erschrecken riesengroß wird. Waaaaaah!"

Ah, verstehe. Da musst du dich schon ein bisschen mehr ins Zeug legen. Aber du hast schon recht: Plötzliche Geräusche oder andere aufregende Dinge können zu Pupillenerweiterungen führen.

PYRA: „Warum eigentlich? Mit Licht hat das doch nichts zu tun."

Das stimmt. Das liegt daran, dass das Gehirn dieselben Nervenzellen für zwei verschiedene Aufgaben verwendet. Die Nervenzellen zur Erweiterung der Pupille werden auch aktiv, wenn man sich erschreckt. Oder auch, wenn man sich aufregt oder freut. Deshalb bekommt man beim Erschrecken oder überhaupt bei Aufregung ebenfalls große Pupillen. Das machen sich übrigens auch die Werbeleute zunutze: Neue Limonadenflaschen oder Kekspackungen werden Versuchspersonen gezeigt, bei denen die Pupillenweite gemessen wird. Wenn die Personen mit einer kleinen Pupillenerweiterung reagieren, wissen die Werbeleute schon mal, dass die neue Flasche oder Packung auffällt und nicht so leicht übersehen wird.

PYRA: „Und was ist dann häufiger der Grund für die großen Augen ... ähhh ... für die großen Pupillen: Licht oder Aufregung?"

Eindeutig Licht. Deshalb muss man aufpassen, wenn man bei jemandem sieht, dass sich seine Pupillen erweitern. Vielleicht findet er einen supertoll (oder auch superblöd), aber vielleicht ist es auch einfach dunkler geworden. Oder die Kerze beim gemeinsamen Abendessen ist runtergebrannt ...

PURKI: „Nun werde bitte nicht auch noch romantisch."

Ne, keine Sorge.

Wusstest du, ...

... dass wir Menschen mit großen Pupillen schöner finden? Das haben Untersuchungen gezeigt. Früher haben sich Frauen sogar manchmal den Saft der Tollkirsche ins Auge geträufelt. Er blockiert die Wirkung der Nervenzellen, die sonst die Pupille verengen. Tröpfchen rein, Pupille groß, Frau schön!

Kann man Gras wachsen hören?

Nein, das kann man nicht, denn ... Tja, da muss ich etwas ausholen.

PYRA: „Hab' ich mir doch gleich gedacht, dass er das nicht knackig beantworten kann."

Wenn wir etwas hören, so sind das Luftbewegungen, die wir mit den Ohren erfassen. Genau gesagt, sind es regelmäßige und sich immer wiederholende Luftbewegungen. Das lässt sich gut bei Streichinstrumenten sehen: Wenn man die Saite einer Geige zupft, sieht man, wie sie hin- und herschwingt. Gleichzeitig hören wir einen Ton, weil die Saite die Luft in Schwingungen versetzt und diese Luftbewegungen unsere Ohren erreichen.

PYRA: „Aber wenn Gras wächst, ist das ja auch eine Bewegung und die müsste doch auch Luftbewegungen erzeugen."

Das ist vollkommen richtig. Aber: Die Ohren können nur Luftbewegungen erfassen, bei denen die Luft zwischen 16- und 20 000-mal in der Sekunde schwingt. Gras wächst ein paar Millimeter am Tag und damit so langsam, dass nur ganz, ganz langsame und extrem winzige Luftbewegungen erzeugt werden, die unsere Ohren nicht erfassen können.

PURKI: „Okay, kapiert. Aber wie machen unsere Ohren das überhaupt: Luftbewegungen erfassen?"

Erst mal wird in unserem Ohr die Luftbewegung in eine Flüssigkeitsbewegung umgesetzt. Die Luftbewegung bringt unser Trommelfell zum Schwingen, dadurch werden winzig kleine Knöchelchen bewegt und die übertragen ihre Bewegung auf eine Flüssigkeit. So wie man Wellen erzeugt, wenn man einen Stein ins Wasser wirft. Klingt kompliziert, nicht wahr? Ich male mal wieder:

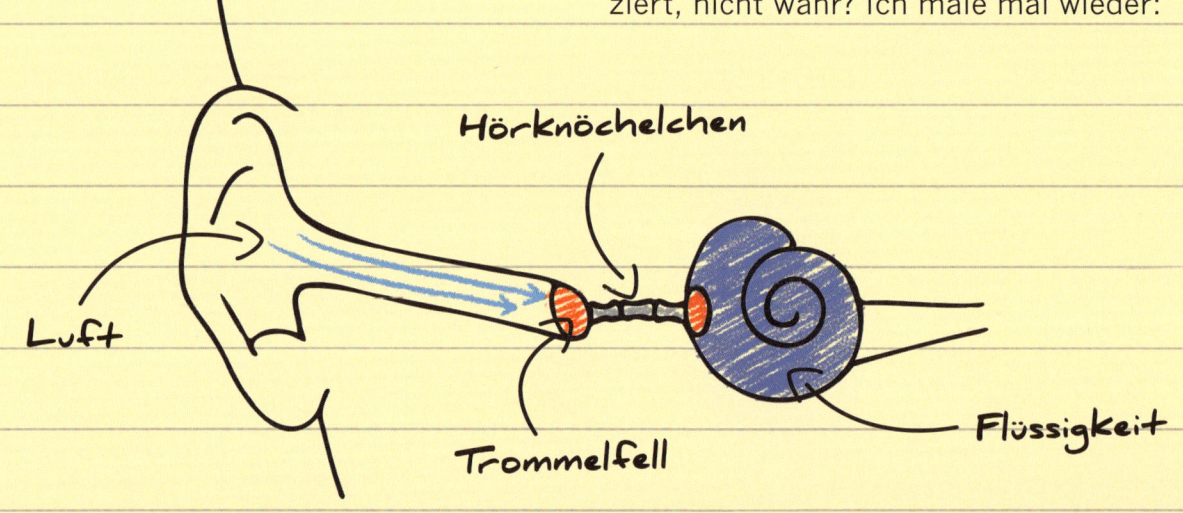

Hörknöchelchen

Luft

Trommelfell

Flüssigkeit

PYRA: „Und das bringt so viel? Von Luftbewegung zu Flüssigkeitsbewegung – das ist doch kein Fortschritt."

Doch, denn es geht ja darum, dass der Ton oder das Geräusch so umgesetzt wird, dass das Gehirn etwas damit anfangen kann.

PURKI: „Jetzt kommen wir ins Spiel."

Genau. Denn Zellen funktionieren nur in Flüssigkeit. Und im Inneren des Ohres gibt es die Hörzellen. Die haben Ausstülpungen, die wie Haare aussehen und bei Bewegungen ein elektrisches Signal erzeugen. Dieses Signal wird dann von den Nervenzellen aufgegriffen, die es ins Innere des Gehirns leiten, wo es weiter verrechnet und verarbeitet wird. Das Ohr setzt also Luftbewegungen in elektrische Signale für das Gehirn um.

PYRA: „Das klingt jetzt wieder ganz toll. Aber die besten Hörer weit und breit seid ihr Menschen ja nicht wirklich ..."

Stimmt. Es gibt eine Reihe von Tieren, die besser hören können als Menschen. Hunde und Fledermäuse etwa können sehr viel schnellere Luftbewegungen und damit höhere Töne hören. Das ist auch das Prinzip der Hundepfeife: Die Luftbewegung ist so schnell, dass wir sie nicht mehr hören können, der Hund dagegen schon. So kann man seinen Hund zurückholen, ohne seinen Nachbarn durch laute Geräusche zu belästigen. Und in der Wahrnehmung leiser Geräusche sind uns andere Tiere überlegen. Katzen hören schon Geräusche, wenn es für uns noch ganz still ist.

PURKI: „Dann zurück zum Graswachsen. Könnte denn ein Tier oder Mensch mit einem absoluten Gehör das Gras wachsen hören?"

Nein, auch das geht nicht. Zum einen, weil das Wachsen des Grases wie gesagt einfach zu kleine und zu langsame Luftbewegungen erzeugt. Und zum anderen, weil das absolute Gehör etwas ganz anderes ist: Das absolute Gehör ist die relativ seltene Fähigkeit, Tonhöhen genau zu erkennen. Normalerweise kann man nur sagen, ob ein Ton höher oder tiefer als der vorausgegangene ist. Mit dem absoluten Gehör kann man aber genau sagen, was für ein Ton das ist. Das ist aber keine Frage besonders guter Ohren, sondern eines hierfür besonders geeigneten Gehirns. Was dabei genau anders ist, weiß man noch nicht, aber eine Region in der Nähe der Hörrinde ist größer als normal. Auch scheinen genetische Unterschiede eine Rolle zu spielen, denn das absolute Gehör kommt bei Asiaten und in einigen Familien häufiger vor. Klar ist aber auch, dass man ein absolutes Gehör bekommen kann, wenn man das einfach viel trainiert.

Wusstest du, ...

... dass wir auch im Schlaf hören? Klar, sonst würde uns der Wecker nicht aus dem Schlaf holen können. Aber auch sonst bewertet das Gehirn die Geräusche, die die Ohren nachts wahrnehmen. Deshalb können wir neben einer nachts befahrenen Bahnstrecke trotzdem gut schlafen (nicht so wichtig) und deshalb werden Mütter schon durch das leise Wimmern ihres Kindes geweckt (wichtig).

Funktioniert das Auge wie ein Fotoapparat?

Na ja, zum Teil ja: ==Das Auge ist so aufge-baut wie ein einfacher Fotoapparat:== Licht von Gegenständen, die wir uns ansehen, fällt in unser Auge. Von dem Gegenstand, den man fotografieren will, kommt auch Licht und wird durch die Linse so gebrochen …

PURKI: „Wer hat gebrochen?"
PYRA: „Sei still, du störst!"
PURKI: „Wer hat was verbrochen?"

Das Licht wird durch die Linse so gebrochen, dass ein scharfes Bild an der Stelle entsteht, an der das Licht aufgenommen wird. Beim Fotoapparat ist das der Film oder die elektronische Aufnahmeeinheit, beim menschlichen Auge ist das die Netzhaut. Sie besteht aus Zellen, die elektrische Signale machen, sobald sie Licht abkriegen.

PURKI: „Na, dann ist es beim Auge doch ziemlich dasselbe wie beim Fotoapparat."

Nicht so schnell, denn jetzt kommen die Unterschiede: ==Beim Fotoapparat sind es mehrere feste Linsen, beim Auge ist es eine verformbare Linse.== Denn wenn man zum Beispiel in der Nähe scharf sehen will, muss das Licht stärker gebrochen werden. Um das zu erreichen, kann man den Abstand mehrerer Linsen passend verändern – so macht es der Fotoapparat – oder man macht die Linse bauchiger – so macht es das Auge. Schau mal:

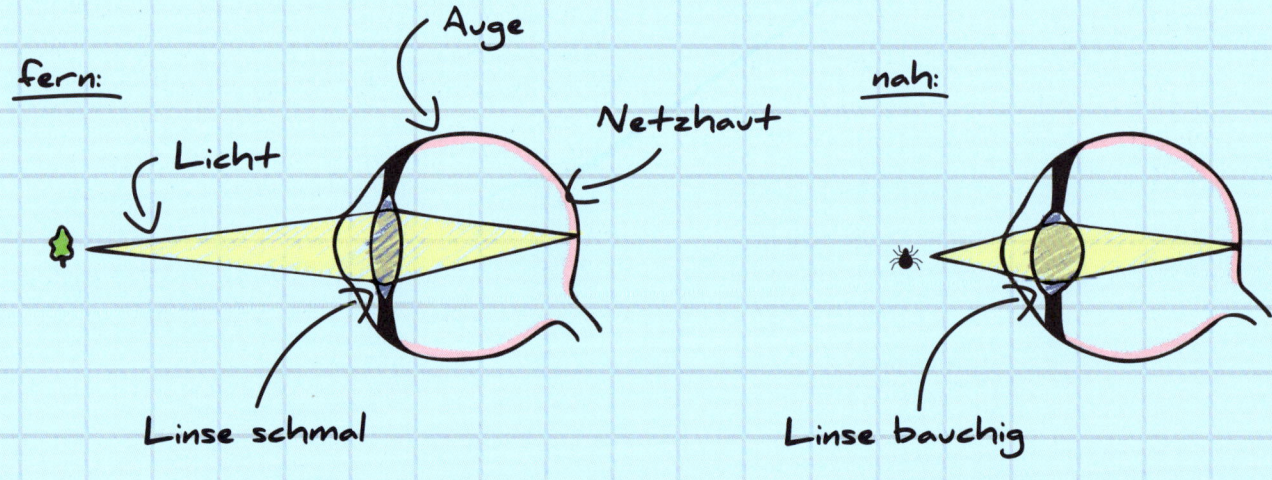

fern:

Auge

Licht

Netzhaut

Linse schmal

nah:

Linse bauchig

Der größte Unterschied liegt aber in der Bildbearbeitung und da kommt das Gehirn ins Spiel. Der Fotoapparat nimmt das Bild auf, wie es ist, das Auge aber bearbeitet es und verbessert so die Bildqualität. Man hat einmal probiert, das Auge als Fotoapparat zu benutzen, und hat die Licht aufnehmende Schicht des Auges, die Netzhaut, durch einen lichtempfindlichen Film ersetzt – wie beim Fotoapparat. Damit bekam man auch Bilder, aber diese waren von ziemlich schlechter Qualität. Warum? Ganz einfach: Wir sehen so gut, weil die vom Auge aufgenommenen Bilder bereits im Auge weiterverarbeitet werden. Denn in der Netzhaut sitzen viele Nervenzellen, die gleich anfangen, zu rechnen und das Bild zu verbessern. Dieser Teil des Auges gehört nämlich schon zum Gehirn.

PURKI: „Aber wenn ich erst einmal ein schlechtes Bild habe, nützt Rechnen mir doch auch nichts mehr."

Doch. Bei einem unscharfen Foto wie diesem hier können wir trotzdem noch erkennen, wo die Fenster und das Dach sind. Wenn du diese Linien nachzeichnest, bekommst du wieder ein scharfes Bild.

PURKI: „Schon, aber es ist anders als das Foto."

Richtig, und genauso ist es auch mit dem Gehirn. Das von den Nervenzellen des Auges und dann auch vom ganzen Sehteil des Gehirns bearbeitete Bild ist anders als ein Foto. Meistens ist das ein Vorteil, weil das Gehirn unwichtige Teile unterdrückt und wichtige Sachen hervorhebt. Darum finden wir auch manche Sachen ganz toll, wenn wir sie ansehen – und sind dann vom Foto enttäuscht. Manchmal ist das aber auch ein Nachteil, denn manche Details oder Dinge am Rand sehen wir einfach nicht. Oder hast du bemerkt, dass auf dem Foto noch ein zweites Haus zu sehen ist?

So irrt sich das Gehirn:
Optische Täuschungen

So toll unser Gehirn auch ist, perfekt ist es nicht. Auch unser Gehirn macht mal Fehler. Was ja irgendwie auch ganz tröstlich ist. Solche Fehler entstehen auch bei der Bildbearbeitung. Denn hier muss das Gehirn in jedem Augenblick eine riesige Menge neuer Informationen aufnehmen. Das klappt nur, wenn es ganz schnell viele Informationen aussortiert oder zusammenfasst. So werden vor allem Veränderungen wahrgenommen, werden Informationen zusammengefasst, um Speicherplatz zu

sparen, und wird neu Gesehenes schon Bekanntem zugeordnet, um nicht alles neu lernen zu müssen. Tja, und manchmal klappt das Ganze einfach nicht so richtig und das Gehirn wird reingelegt. Dann sieht man Sachen, die gar nicht da sind. Und das nennt man dann optische Täuschung.

Hast du Lust, ein paar optische Täuschungen auszuprobieren? Na, dann mal los! Hier sind ein paar Beispiele:

Welches ist der größte? Hhmm, der hintere, würde ich sagen?

Nee, die sind alle genau gleich groß! Der hintere sieht nur größer aus, weil das eine räumliche Zeichnung ist und das Gehirn gelernt hat, dass Dinge, die weiter weg sind, kleiner aussehen, als sie sind. Also „denkt" das Gehirn sie größer.

Das ist das Gesicht eines Mädchens. Oder doch ein Fisch auf einem Teller?

Beides! Das Gehirn versucht, das Bild in einen der bereits vorhandenen Speicher einzuordnen. Manchmal ist das aber nicht eindeutig möglich. Wie hier. Dann springt die Wahrnehmung zwischen den Speichern hin und her, denn gleichzeitig kann man Gesicht und Fisch nicht sehen. Oder?

Puh, hier dreht sich ja alles! Das kann doch gar nicht sein.

Stimmt. Das Gehirn verarbeitet den Teil des Bildes, den wir fixieren, mit Vorrang. Die seitlichen Teile werden nicht so intensiv und nicht so schnell gesehen. So werden ähnliche Elemente an verschiedenen Stellen und Zeiten wahrgenommen, was so wirkt, als hätte das Element sich bewegt.

Ich sehe zwei Dreiecke und drei Kreise ...

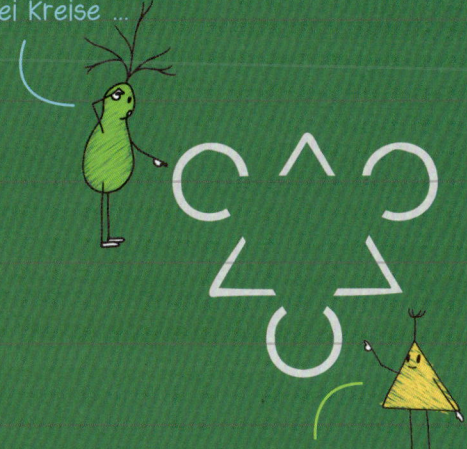

Da ist aber kein Dreieck. Und auch kein Kreis. Um Speicherplatz zu sparen, ergänzt das Gehirn und fasst einzelne Formen zu größeren Einheiten zusammen.

Wo ist der Kreis in der Mitte größer? Ich finde, hier links sieht er größer aus ...

Ja, ist er aber nicht. Das Gehirn speichert nicht wie ein Fotoapparat, sondern nach dem Gesamtzusammenhang. Deshalb wirkt ein Kreis, der von kleinen Kreisen umgeben ist, größer als einer, um den herum sich größere befinden.

Ich sage: Die Felder A und B haben dieselbe Farbe. Wenn du das nicht glaubst, deck doch die anderen Felder mit ein paar Stücken weißem Papier ab.

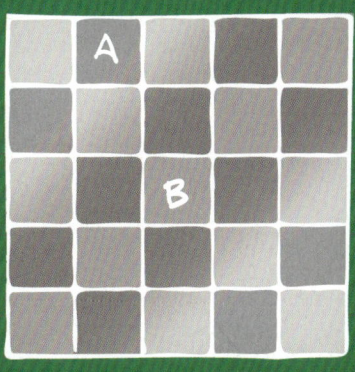

Du hast recht, Purki! Denn das Gehirn nimmt vor allem die Helligkeitsunterschiede wahr, nicht so sehr die tatsächliche Helligkeit. Und Feld B ist von dunklen Feldern umgeben, sodass es dem Gehirn hell erscheint. Reingelegt!

Warum tut manches
erst später weh?

Das kennt wohl jeder: Man stolpert und stößt sich dabei heftig den großen Zeh. Man merkt sofort, dass man sich gestoßen hat, aber der Schmerz kommt erst eine oder ein paar Sekunden später. Manchmal ist das Intervall so groß, dass man noch denkt: „Mist, gleich tut es weh."

PYRA: „Mir tut es jetzt schon weh, weil du mal wieder gar nicht zur Antwort kommst."

Es gibt zwei Gründe dafür, dass der Schmerz erst später einsetzt. Der erste Grund: Zuerst nehmen die Sinneszellen – in unserem Beispiel in der Haut am Zeh – den Stoß wahr und erzeugen elektrische Signale, die zum Gehirn gesendet werden. Die Nervenzellfortsätze, die die Berührung ans Gehirn leiten, sind schnell leitend. Aber: Die Nervenzellfortsätze, die den Schmerz vermitteln, sind langsam leitend.

PYRA: „Lass mich raten, Purki, deine Fortsätze wären eher … super-mega-extra-langsam leitend?"

Lass gut sein, Pyra. Für die Wahrnehmung von Berührung und Druck sind Nervenzellfortsätze aktiv, die sehr gut isoliert sind. Sie können mit einer Geschwindigkeit von 100 Metern pro Sekunde leiten, also etwa 360 Kilometer pro Stunde! So schnell wie ein Superschnellzug! Es gibt aber auch Nervenzellfortsätze, die nicht isoliert sind. Sie leiten die Impulse mit einer Geschwindigkeit von nur einem Meter pro Sekunde. Das sind etwas weniger als vier Kilometer pro Stunde, also etwa die Geschwindigkeit eines Fußgängers. Solche Nervenzellfortsätze werden bei Schmerz verwendet.

PYRA: „Aha, das heißt, für 1,5 Meter vom Zeh bis zum Kopf braucht die Berührung gerade mal eine sechzigstel Sekunde und der Schmerz ganze eineinhalb Sekunden. Da hat der Schmerz mehr als eine Sekunde Rückstand. Genau sind es …"
PURKI: „Okay, schon gut. Du kannst chillen."

Genau, das ist der erste Grund: Der Schmerz hat einfach die langsamere Leitung. Aber da wäre ja noch der zweite Grund. Dazu müsst ihr euch mal schnell die Sinneszellen in der Haut ansehen. Da gibt es nämlich ganz verschiedene Typen, die für Druck, Berührung, Vibration, Kälte und Wärme und eben auch für Schmerz zuständig sind:

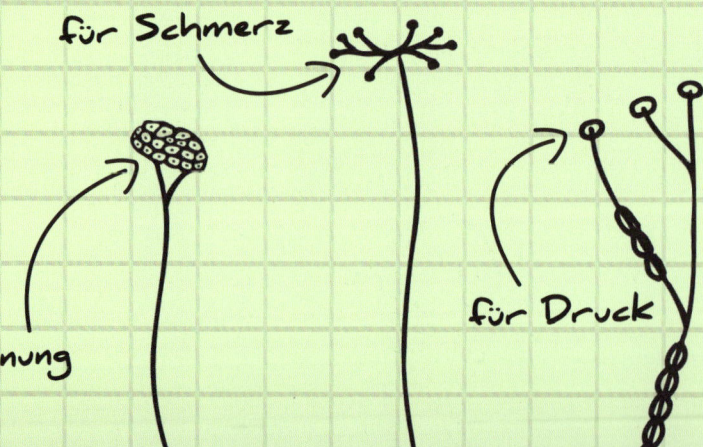

für Schmerz

für Dehnung

für Druck

Bei einer Berührung wird die betroffene Sinneszelle in der Haut etwas geknautscht. So wie direkt Strom da ist, wenn man auf einen Lichtschalter drückt, entsteht auch in der geknautschten Sinneszelle sofort ein elektrischer Impuls, der Richtung Gehirn abrauscht. Das betrifft aber nur die Berührung an sich. Für Schmerz gibt es keine eigenen Sinneszellen, sondern Schmerz wird über freie Enden von Nervenzellfortsätzen aufgenommen. Und die machen erst elektrische Impulse, wenn sie zuvor durch chemische Substanzen gereizt worden sind. Diese chemischen Substanzen kommen aus dem Inneren der Zelle und werden freigesetzt, wenn Zellen kaputtgehen, wenn also etwas vom Körper zerstört wird. Dann ist erst mal Chaos und verschiedene Substanzen werden freigesetzt. ==Die chemischen Substanzen, die den Schmerz vermitteln, breiten sich langsam aus.== So dauert es eine Weile, bis die chemischen Substanzen die Nervenenden erreichen und diese

reizen. Genauso wie Wasserwellen sich langsamer ausbreiten als Strom.

PYRA: „Aber manchmal geht ja auch nichts kaputt und es tut trotzdem weh, oder?"

PURKI: „Du hast Liebeskummer, gell?"

PYRA: „Ich reiß' dir gleich deine Fortsätze aus, du … du …"

Ach ja, gut, dass ihr mich daran erinnert! Schmerz wird nicht nur wahrgenommen, sondern: ==Mancher Schmerz entsteht erst direkt im Gehirn.== Denn wenn Sinnesreize sehr groß sind, dann können sie auch wehtun. So wie ganz laute Töne. Oder grelles Licht. Und dann gibt es noch den Schmerz, der entsteht, weil wir etwas fühlen, das so groß und heftig ist wie ein sehr großer Sinnesreiz. Oder der so wehtut, als würde etwas im Körper kaputtgehen. Auch das kann Schmerzen machen. Und dazu gehört auch Liebeskummer …

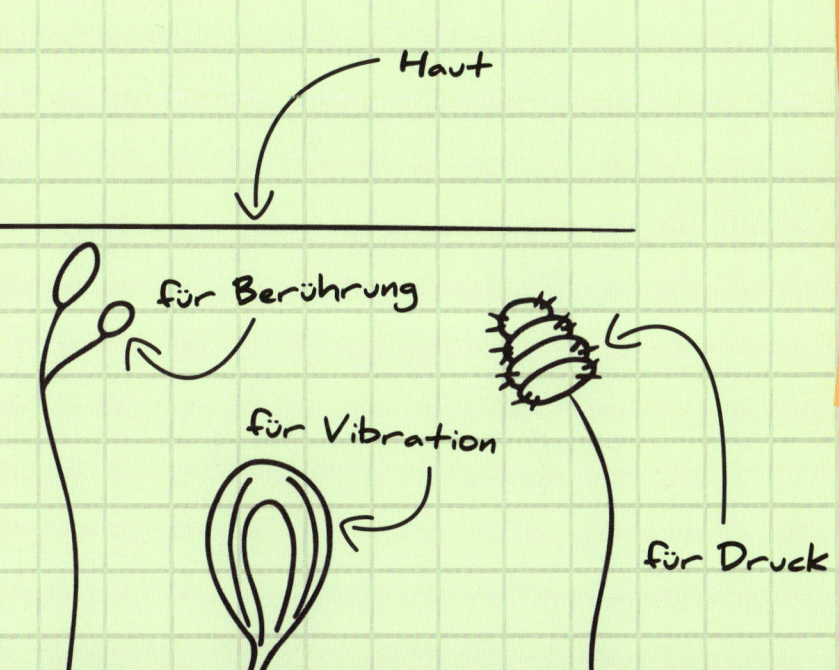

Haut

für Berührung

für Vibration

für Druck

Versuch's mal

An einer Stelle unserer Haut spüren wir nur Berührung, aber keinen Schmerz. Es ist die Haut über dem Ellenbogen. Das glaubst du nicht? Dann probier's mal aus und kneif dich ganz fest an dieser Stelle! Und: Tut es weh?

Ist das Kleinhirn klein und das Großhirn groß?

Na ja, das Kleinhirn ist kein besonders kleiner Teil des Gehirns, aber es ist durchaus kleiner als das Großhirn. Und das Großhirn ist der größte Hirnteil. Die Namen haben also schon ihren Sinn. Denn als die Hirnforscher vor langer Zeit den Hirnteilen Namen gegeben haben, sind sie ganz einfach vorgegangen. Von außen gesehen hat das Gehirn drei Teile. Der erste Teil ist der größte der drei von außen sichtbaren Teile und wurde daher ganz einfach Großhirn genannt. Im Großhirn sitzen die für die höchsten Leistungen des menschlichen Gehirns zuständigen Abschnitte. Also so etwas wie Denken, Bewusstsein oder Aufmerksamkeit.

PURKI: „Das ist alles im Grashirn?"

PYRA: „Großhirn! Nicht Grashirn, du Dummynervenzelle ..."

PURKI: „Man wird sich ja wohl noch mal versprechen dürfen."

Der zweite Teil ragt unten aus dem Gehirn heraus und sieht aus wie ein Baumstamm, der das Großhirn als Baumkrone hat. Weil er so stammartig aussieht, hat man ihn Hirnstamm genannt. Wartet, jetzt zeichne ich euch das mal auf:

Im Hirnstamm sitzen lebenswichtige Zentren, wie das, das die Atmung steuert. Und es laufen von hier die Verbindungsbahnen in das Rückenmark, von dem aus dann die Nerven abgehen, die in den Körper ziehen, Muskeln aktivieren oder auch Informationen von der Haut zum Gehirn bringen.

Und dann seht ihr noch den dritten Hirnteil, der so komisch unter dem Großhirn hängt. Er ist nun mal deutlich kleiner als das Großhirn und wurde deshalb kurzerhand Kleinhirn genannt. Ihr seht, Hirnforschung ist manchmal ganz einfach.

PURKI: „Jaja, schon klar ... alles ganz einfach ... passieren denn dann auch nur „kleine" Sachen im Kleinhirn?"

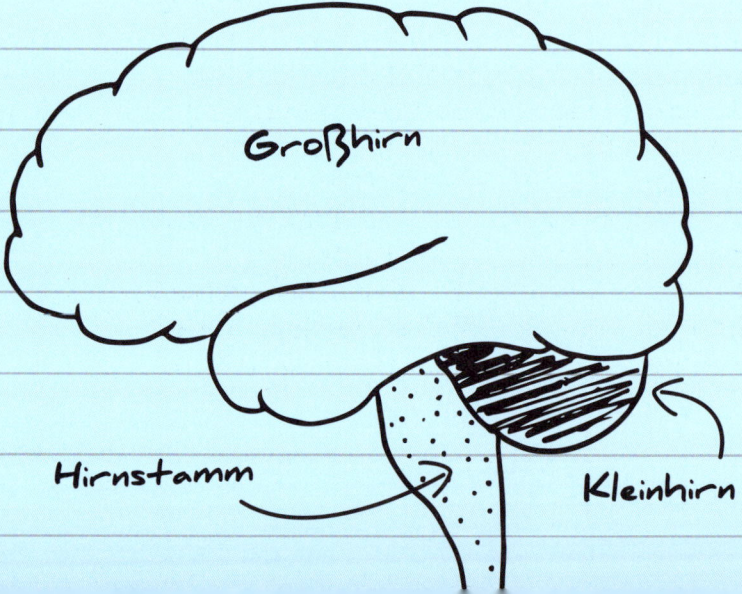

Ich bin stolz, eine Purkinjezelle zu sein!

Meine Güte, das will doch niemand hören!

Das würde ich so nicht sagen! Das Kleinhirn hat Aufgaben bei den höchsten Hirnleistungen und hat vor allem etwas mit Bewegungen zu tun: Das Kleinhirn kontrolliert und korrigiert die Bewegungsbefehle des Großhirns. Denn wenn wir mit zwei Fingern eine Erdbeere in den Mund befördern wollen, dann macht das Großhirn erst einmal einen Plan. Dann erstellt es einen ziemlich komplizierten Befehl, der über das Rückenmark und die Nerven an die Muskeln gesendet werden soll, die dann durch ihr Zusammenziehen die Finger bewegen.

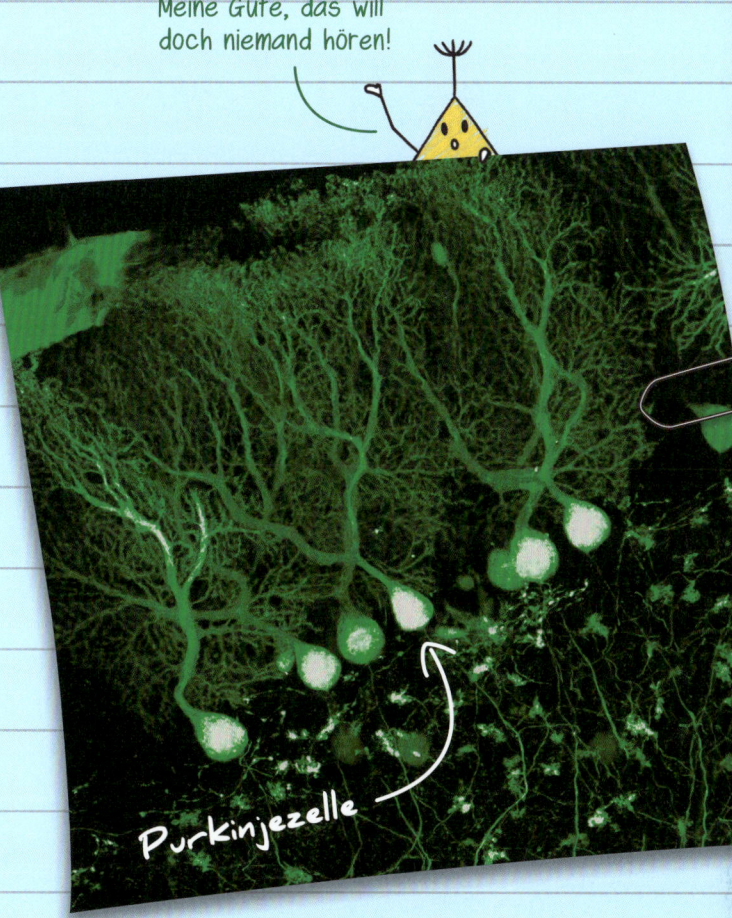

Purkinjezelle

Doch bevor es losgehen kann, sendet das Großhirn erst einmal eine Kopie des Befehls an das Kleinhirn, das alles nochmals durchrechnet und dabei auch die Stellung des Armes berücksichtigt und die Heftigkeit der Bewegung anpasst. Denn sonst könnte es passieren, dass man weit entfernt von der Erdbeere zugreift oder so fest zudrückt, dass man die Erdbeere gleich zermatscht. Deshalb gibt das Kleinhirn Rückmeldung und korrigiert den Befehl des Großhirns noch mal so, dass die Bewegung optimal passt. Das ist natürlich ziemlich schwierig. Deshalb hat das Kleinhirn mehr Nervenzellen als das Großhirn. Etwa drei Viertel aller Nervenzellen sitzen im Kleinhirn, obwohl das Kleinhirn nur ein Zehntel des Gesamtgewichts des Gehirns

hat. Die Nervenzellen des Kleinhirns sind daher sehr dicht gepackt und ...

PURKI: „... sind die schönsten Zellen des Gehirns!"
PYRA: „Oh Mann, bitte, gib mal nicht so an!"

Also, wie gesagt: Die Purkinjezellen sitzen sehr dicht nebeneinander und haben sehr intensiv verzweigte Fortsätze. Sie bilden ...

PURKI: „... den schönsten Zellhaufen der Welt!"
PYRA: „Puh, du nervst! Nur weil du zufällig auch eine Purkinjezelle aus dem Kleinhirn bist, musst du nicht so tun, als ob du der König aller Nervenzellen wärst."

Denken Jungen

anders als Mädchen?

Die Gehirngröße ist bei allen Menschen ungefähr gleich. Wenn man sich das aber genauer anschaut, stellt man fest: Männliche Gehirne sind etwas größer als weibliche.

PURKI: „Hab' ich mir gleich gedacht. Jungs sind schlauer als Mädchen."

Nein, das stimmt so nicht. Und zwar aus gleich drei Gründen:

Erstens unterscheiden sich die durchschnittlichen Gehirngrößen um weniger als zehn Prozent. Das ist für die Leistung von Gehirnen völlig unbedeutend. Auch bei Tieren stellt man bei so geringen Größenunterschieden der Gehirne keine Unterschiede in der Leistung fest.

Zweitens sind das eben auch nur Durchschnittswerte. Das heißt, es gibt immer auch größere und kleinere Gehirne und man rechnet nur aus, wie groß das Gehirn wäre, wenn man die ganzen Gehirne auf alle gleich verteilen würde. So wie die Durchschnittsgröße der Kinder in einer Schulklasse angibt, wie groß alle Kinder wären, wenn sie alle gleich groß wären, indem man die langen kürzer und die kurzen länger machen würde. So ist es ja aber nicht in der Wirklichkeit. Und deshalb gibt

es auch Mädchen und Frauen, die größere Gehirne als Jungen und Männer haben. Und umgekehrt. Deshalb kann man, wenn man ein besonders großes Gehirn sieht, nicht sagen, ob es das Gehirn eines Mannes oder einer Frau ist.

Und drittens: Es kommt nicht nur auf die Größe des Gehirns an. Die Vernetzung der Nervenzellen ist – wieder im Durchschnitt – bei den weiblichen Gehirnen besser als bei den männlichen. Und diese Kontaktstellen zwischen den Nervenzellen sind für die Leistung des Gehirns sehr wichtig.

PURKI: „Größe hin oder her, aber Jungen sind doch trotzdem schlauer …"

Wieder nein, lieber Purki. Das stimmt so nicht und hängt auch davon ab, welche Art von Schlauheit man betrachtet. Frauen sind zum Beispiel besser, wenn mehrere Sachen gleichzeitig passieren und wenn es um Sprache geht.

PURKI: „Ja, ich weiß. Quasselstrippen …"
PYRA: „… gibt es auch bei Jungen. Du zum Beispiel …"

Bevor ihr euch weiter streitet: Männer sind im Durchschnitt besser bei den nicht praktischen Dingen wie Mathematik und bei allem, was mit Sehen zu tun hat.

PYRA: „Mädchen, seid lieber schön als schlau, Jungen können besser sehen als denken."

PURKI: „Das ist ja ein ganz toller Frauenwitz, Pyra! Aber jetzt mal ernsthaft: Machen die Geschlechtshormone was am Gehirn?"

Da hat die Hirnforschung etwas entdeckt: Geschlechtshormone beeinflussen direkt Nervenzellen. Das könnte erklären, warum Aktivitäten des Gehirns von der Menge der Geschlechtshormone im Körper abhängig sind. So findet man bei niedrigen Konzentrationen des weiblichen Geschlechtshormons häufiger gedrückte Stimmung und Depressionen, während hohe Konzentrationen mit besonders guten Gedächtnisleistungen einhergehen. Viel männliches Geschlechtshormon erhöht zwar offensichtlich die Angriffslust, führt aber auch zu besserer Stimmung, erhöhter räumlicher Wahrnehmung und auch zu mehr Fairness und Hilfsbereitschaft.

Dann sind die Geschlechtshormone auch wichtig beim Wachstum der männlichen und weiblichen Gehirne. Schon im Mutterleib haben die von der Mutter und vom Kind selbst gebildeten Hormone Einfluss auf die Hirnentwicklung. So findet man einzelne Hirnbereiche, die bei Jungen größer sind, und andere, die bei Mädchen stärker ausgeprägt sind. Aber Unterschiede in diesen Bereichen findet man auch bei Gehirnen desselben Geschlechts. Und außerdem weiß man nicht genau, woher diese Unterschiede kommen. Die unterschiedlichen Mengen an Geschlechtshormonen sind sehr wahrscheinlich ein wichtiger Faktor, aber es gibt noch andere: Die Gene bei Jungen und Mädchen sind anders. Und schließlich machen Jungen andere Sachen als Mädchen, sodass sich ihre Gehirne in anderer Weise aufbauen und anpassen. Es wird viel darüber gestritten, welcher Einfluss der entscheidende ist.

Wusstest du, …

… dass es auch berühmte Hirnforscherinnen gibt? Die Hirnforschung war lange Zeit eine reine Männersache. Oder die Leistungen wurden nicht richtig wahrgenommen: Bis zu Beginn dieses Jahrhunderts hatte nur eine Hirnforscherin den Nobelpreis bekommen. In den letzten zwanzig Jahren waren es immerhin schon zwei (und sieben Männer).

Warum macht schöne Musik Gänsehaut?

Bei einer Gänsehaut werden die feinen Härchen an unserer Haut aufgerichtet, indem sich winzige Muskeln an den Haarwurzeln zusammenziehen. Eine solche Reaktion, die vom Gehirn ausgelöst wird, tritt manchmal bei Kälte auf, vor allem aber, wenn Überraschung und Emotion zusammenkommen.

Grraaaaarr! Buh!

Das war schwach, Purki. So leicht bin ich nicht zu erschrecken.

Die reine Überraschung, der Schreck zum Beispiel bei einem lauten Knall, reicht für Gänsehaut nicht aus. Es muss noch eine positive Grundstimmung geben. Also wie bei Musik. Da kann dann eine überraschende Wendung von Dur nach Moll verstärkt durch eine nicht zu starke Steigerung der Lautstärke zu Gänsehaut führen.

PURKI: „Was für Musik ist das: Heavy Metal oder Bach?"

Das ist ganz unterschiedlich. Was Gänsehaut macht, hängt von den musikalischen Erfahrungen und Vorlieben der Person ab.

Bei manchen ist das ein Stück von Bach, bei anderen ein Song von Metallica. Oder kenianische Trommeln, denn es gibt auch eine starke kulturelle Komponente. Menschen an anderen Orten der Welt bekommen Gänsehaut bei Musik, die uns völlig kaltlässt. Und umgekehrt.

PYRA: „Trotzdem ist das eine komische Reaktion. Was macht es schon für einen Sinn, dass sich bei schöner Musik Haare aufrichten?"

PURKI: „Bei mir richten sich nur die Nackenhaare auf, wenn du so weitermachst."

Vermutlich stammt die Gänsehautreaktion ursprünglich von Rufen unserer tierischen Vorfahren ab. Wenn das Muttertier nach ihrem Jungen rief, löste das die Gänsehaut beim Kind aus. Dadurch stellten sich die Haare im Fell auf, die Isolierung wurde besser und das Kleine hatte es etwas wärmer. Das positive Gefühl dürfte die lebenswichtige Bindung des Kindes an seine Mutter verstärkt haben. Aus den Rufen unserer Vorfahren wurde die Musik und das Fell haben wir verloren und durch Kleidung ersetzt. Aber die Gänsehaut-Reaktion ist geblieben.

PYRA: „Wo sitzt die Musik denn im Gehirn?"

Musikempfinden ist ein Beispiel für die hohen Hirnleistungen des Menschen, die nicht genau zu verorten sind. Das eine und einzige Musikzentrum im Gehirn gibt es nicht. Beim Musikhören findet man verstärkte Aktivität im Hörsystem des Gehirns – also in seitlichen Teilen des Gehirns –, aber auch in Hirnbereichen, die für Bewegungen zuständig sind. Deshalb wippt man wohl auch oft bei Musik mit und es gibt Völker, die für Musik und Tanz – also Bewegung zu Musik – dasselbe Wort haben. Außerdem sind auch Hirnteile besonders aktiv, die mit Gefühlen zu tun haben. Zudem scheint von Mensch zu Mensch sehr verschieden zu sein, wie man Musik empfindet. Deshalb findet man auch bei den Musik verarbeitenden Regionen des Gehirns große individuelle Unterschiede.

PURKI: „Na komm, dann zeichne das mal auf."

Nein, das hat dieses Mal keinen Zweck, da müsste ich schon fast die ganze Hirnoberfläche anmarkern. Lieber sage ich euch noch zwei spannende Sachen: Die Stellen in der Hirnrinde, in denen wir die einzelnen Töne hören, sind nach der Höhe der Töne gestaffelt – tiefe Töne werden weiter vorne verarbeitet und hohe weiter hinten.

PURKI: „Ist ja der Brüller!! Hast du noch mehr von solchen Gänsehaut-News auf Lager?"
PYRA: „Purki, benimm dich!"

Ich versuch' es mal: Musikhören ist etwas mehr in der rechten Hirnhälfte angesiedelt als in der linken. Der Unterschied ist nicht groß und beide Hirnhälften sind beim Musikhören voll aktiv, aber immerhin besteht ein leichter Unterschied, der auch nicht bei allen Menschen gleich ist. So erfolgt zum Beispiel das Erkennen von Tonhöhen bei Laien rechts im Gehirn und bei Berufsmusikern links.

PURKI: „Na ja, werten wir es als Versuch."

Ist das Gehirn bei einer Querschnittslähmung geschädigt?

Nein. Die Querschnittslähmung ist keine Schädigung des Gehirns, sondern des Rückenmarks. Das Rückenmark schließt sich nach unten an das Gehirn an und verläuft in der Röhre, die die Wirbel der Wirbelsäule bilden. Das Rückenmark enthält die großen Leitungsbahnen. Diese leiten vom Gehirn Befehle in den Körper oder bringen umgekehrt Informationen aus dem Körper ins Gehirn. Jeweils auf der Höhe eines Wirbels ziehen dann große Nerven zu den Körperteilen. Die obersten Nerven versorgen den oberen Körperabschnitt, die mittleren Nerven den mittleren Körperabschnitt und so weiter:

Gehirn

Rückenmark

Nerven

PYRA: „Wenn ich mich nicht irre, ging es um Querschnittslähmung."

Nur nicht so ungeduldig. Wenn man die Querschnittslähmung verstehen will, muss man den Aufbau des Rückenmarks kennen. Die Querschnittslähmung entsteht durch eine teilweise oder vollständige Durchtrennung des Rückenmarks. Dies tritt bei schweren Unfällen und Brüchen im Hals- und Rückenbereich auf. Dadurch werden die Leitungsbahnen zum und vom Gehirn unterbrochen. Bewegungsbefehle des Gehirns können nicht mehr zu den Muskeln gelangen. Es kommt also zu Lähmungen. Und umgekehrt erreichen die Sinnesinformationen das Gehirn nicht mehr, man spürt im betroffenen Körperbereich also keine Berührung, keinen Schmerz, keine Kälte oder Wärme – und auch nicht die Lage des Körperteils.

Je höher die Unterbrechung des Rückenmarks liegt, desto größer sind die Ausfälle. Ganz oben im Halsbereich direkt unter dem Kopf sind solche Verletzungen oft tödlich, weil hier auch die Nervenbahnen unterbrochen sind, die zu den Atemmuskeln ziehen und für das Einatmen gebraucht werden. Im unteren Bereich der Halswirbelsäule sind Arme, Beine und Körper betroffen, im Bereich der Brustwirbel dann nur noch die Beine und Teile des Rumpfes. Bei den unterhalb des Brustkorbs liegenden Wirbeln machen Verletzungen oft gar keine Ausfälle, weil hier das Rückenmark schon endet und die Nerven nicht so leicht kaputtgehen.

PURKI: „Klingt ganz schön heftig. Kann man denn da gar nichts machen?"

Nein. Wenn diese langen Leitungsbahnen kaputt sind, kann sie der Körper nicht wieder reparieren. Allerdings macht die Hirnforschung auch hier Fortschritte: Man arbeitet ganz erfolgreich daran, dass die Nervenzellen ihre Fortsätze – denn nichts anderes sind ja die Leitungsbahnen – auch über so lange Strecken wie mehr als einen Meter wieder neu bilden können.

PURKI: „Jetzt verstehe ich erst so richtig, was du da … mir wird ganz anders … meine schönen Fortsätze abgetrennt…"

Eine Nervenzelle kann pro Tag etwa drei Millimeter Fortsatz neu bilden. Also könnte sie in einem Jahr ihren Fortsatz wieder um einen Meter verlängert haben. Leider passiert das aber nicht, weil die Bahnen, auf denen die Nervenzellfortsätze wachsen, sich mit der Zeit auflösen. So wachsen die Fortsätze immer schlechter und schließlich gar nicht mehr oder nicht mehr auf das Ziel zu. Das ist wie bei einem Auto, das zunächst über die Autobahn auf sein Ziel zuprescht. Wenn die Autobahn aber immer schlechter wird, dann zu einer Schotterpiste wird und schließlich kein Weg mehr zu erkennen ist, dann kann das Auto nur noch

langsamer fahren und kommt schließlich gar nicht mehr weiter. Deshalb arbeiten die Hirnforscher daran, dass die Bahnen für die Nervenzellfortsätze erhalten bleiben.

PURKI: „Danke, liebe Hirnforscher. Danke, dass ich dann auch wieder einen schönen, neuen, langen Fortsatz haben kann. Danke, danke!"

PYRA: „Ach, Purki. Du bist eine Kleinhirnzelle und hast gar keinen langen Fortsatz im Rückenmark … "

Bevor ihr euch wieder streitet, will ich lieber die Frage beantworten.

PURKI: „Ach ja, da war ja noch was …"

Also: Da die Nervenzellen des Gehirns nicht im Rückenmark sitzen, werden sie bei einer Querschnittslähmung auch nicht zerstört. Wohl aber ihre Fortsätze. Für die Nervenzellen ist das in den meisten Fällen nicht schlimm, denn sie haben ihr Ernährungssystem im Zellkörper und können so den Fortsatz reparieren. Nur wenn die Unterbrechung des Fortsatzes nahe am Zellkörper ist, kann es auch zu Störungen und zum Absterben der Nervenzelle kommen. Das ist aber bei Querschnittslähmung die Ausnahme.

Wusstest du, …

… dass Amphibien sehr gut Schäden reparieren können? Junge Frösche und Salamander können ganze Gliedmaßen mit allen Nerven neu bilden. Und dem Axolotl wächst bei Verlust des Schwanzes ein neuer nach – komplett mit Nerven und Rückenmark.

Kann das Gehirn wachsen?

Aber ja, das Gehirn wächst nach der Geburt noch, etwa bis ins Schulalter! ==Zum Zeitpunkt der Einschulung hat das Gehirn sein endgültiges Gewicht erreicht,== obschon die Körpergröße des Kindes danach ja auch noch zunimmt.

PURKI: „Ooooookay ... Das musst du noch genauer erklären. Können wir mal vorne anfangen? Wie schwer ist denn das Gehirn eines Babys bei der Geburt?"

Wenn man auf die Welt kommt, wiegt das Gehirn ungefähr 300 Gramm. Mit knapp drei Jahren bringt es dann 1 Kilogramm auf die Waage und ab ungefähr sechs Jahren ist es dann mit 1,4 Kilogramm so schwer wie das Gehirn eines Erwachsenen. Im hohen Alter nimmt das Gehirngewicht dann wieder um etwa 100 Gramm ab.

PYRA: „Skizze, bitte!"

Gerne:

PYRA: „Das kann doch nicht stimmen. Dann müssten ja Kinder am ersten Schultag schon so schlau sein wie Erwachsene!"

PURKI: „Sag ich doch: Schule braucht man nicht."

Doch, doch, ihr wisst ja: Das Gehirngewicht sagt beim Menschen nichts über Schlauheit aus. Vor allem kommt es darauf an, was man mit seinem Gehirn macht und was man da reinpackt – und da ist Schule ganz wichtig.

PURKI: „Das wäre ja auch zu schön gewesen ..."

Das Gehirn wächst übrigens nicht nur, es wird nach der Geburt auch ständig umgebaut und weiter ausgebaut. Einerseits in jedem Augenblick, weil man etwas wahrnimmt oder lernt und dabei neue

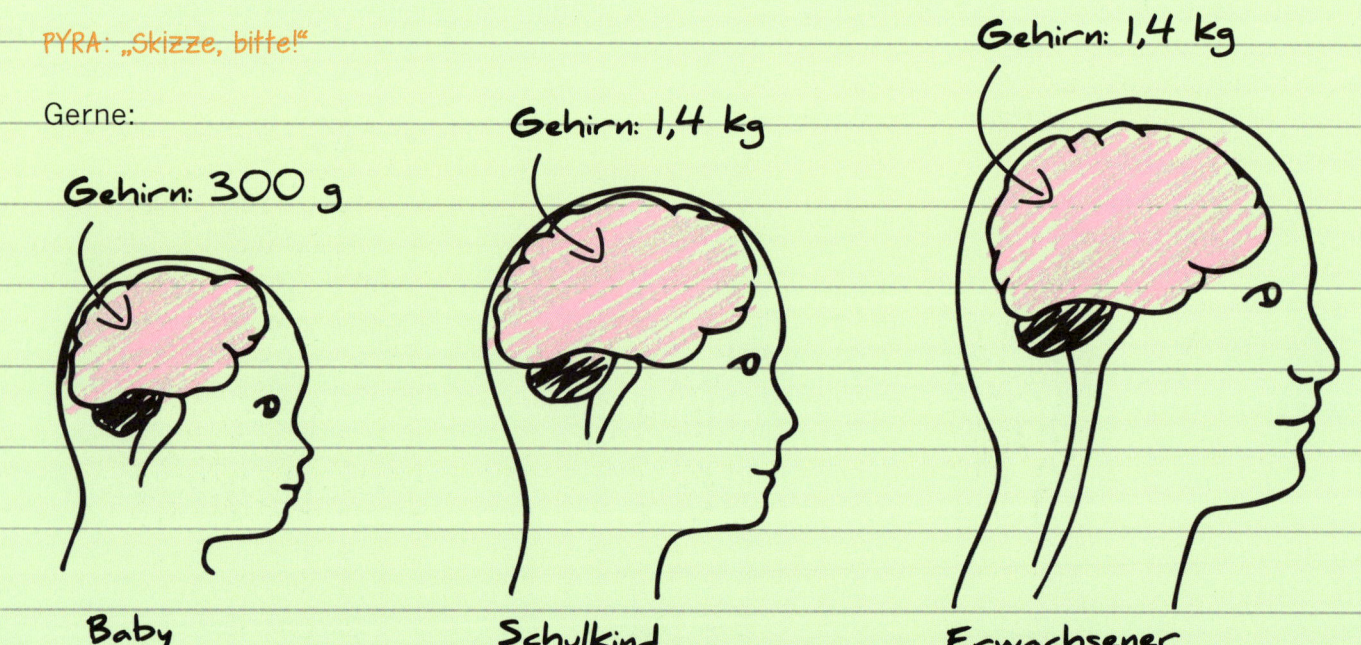

Gehirn: 300 g — Baby

Gehirn: 1,4 kg — Schulkind

Gehirn: 1,4 kg — Erwachsener

Verbindungen zwischen Nervenzellen aufbaut. Andererseits gibt es bestimmte Phasen im Leben, in denen im richtig großen Stil umgebaut wird. Und das betrifft vor allem die Nervenzellen.

PURKI: „Ha, jetzt kommen wir ins Spiel! Dann schieß mal los, Pyra: Hast du schon immer so ausgesehen wie heute?"

PYRA: „Ich war schon immer so schön, falls du das meinst. Aber, nun gut, früher hatte ich schon ein paar Fortsätze weniger. Was aber auch toll aussah, versteht sich!"

Bei der Geburt hat ein Baby schon fast alle Nervenzellen für das ganze Leben. Die Nervenzellen sind aber kleiner und haben noch wenige Fortsätze. Nach der Geburt beginnen erst einmal die Fortsätze zu wachsen und es werden viele Verbindungen zu anderen Nervenzellen geknüpft. Kleinkinder haben dann sogar mehr Verbindungsstellen zu anderen Nervenzellen als Erwachsene. Aber die kindlichen Nervenzellen arbeiten nicht so gut wie die ausgewachsenen, auch weil die Isolierschichten der Nervenfortsätze, die für eine schnelle Arbeit notwendig sind, noch nicht gut ausgebildet sind. Das ändert sich dann aber in den nächsten Jahren und bis zur Pubertät sind die Nervenzellen dann vollständig ausgewachsen.

PURKI: „Endlich kommt mal die Pupsität ins Spiel! Da kriegt man Pickel und im Gehirn ist überall Chaos."

Ja, in der Pubertät erfolgt ein großer Umbau im Gehirn. Man kann auch sagen: Aufräumarbeiten – Achtung, Baustelle! Viele unnötige Verbindungen werden abgebaut, viel benutzte und gute Verbindungen verstärkt und die Geschwindigkeit der Verrechnung nimmt zu. Dabei reifen die Systeme des Gehirns unterschiedlich schnell: Mit der Bewegungssteuerung und dem emotionalen System ist das Gehirn schneller fertig, während die vorderen Hirnabschnitte, die für Planung und Verhalten wichtig sind, lange für den Umbau brauchen. Selbst der Schlafrhythmus gerät aus dem Takt und das Müdigkeitsgefühl wird erst ein paar Stunden später ausgelöst. Und mit dem Belohnungssystem muss man besonders vorsichtig sein, denn in der Pubertät wird viel von dem festgelegt, was einen später das ganze Leben lang motiviert. Drogen können besonders in dieser Phase zu lebenslangen Störungen dieses Gehirnsystems führen.

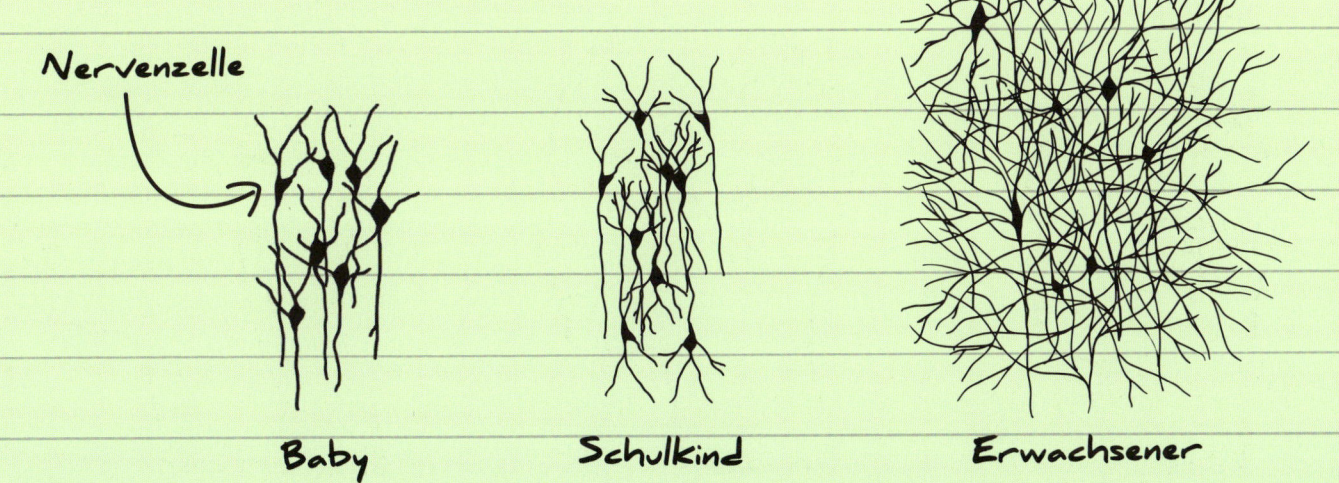

Nervenzelle

Baby   Schulkind   Erwachsener

Wann gibt es
Hirnimplantate?

W ieso wann? Hirnimplantate gibt es
schon.

PURKI: „Jetzt übertreibst du aber doch etwas."

Nein, überhaupt nicht. Ein Implantat ist ein
technisches Gerät oder künstliches Material,
das dauerhaft in den Körper eingebracht
wird. Das wird schon sehr häufig gemacht,
zum Beispiel als künstliche Hüfte bei Hüft-
gelenksschäden, als Herzschrittmacher bei
Rhythmusstörungen des Herzens oder als
künstlicher Zahn bei Zahnausfall.

Auch im Gehirn werden Implantate schon
lange verwendet. Schon seit mehr als fünfzig Jahren wird das Cochlea-Implantat eingesetzt. Es ersetzt die Funktion des inneren
Ohres – genauer gesagt der Hörzellen des
Ohres, in denen der Schall in elektrische
Signale für die Weiterverarbeitung im Gehirn
umgewandelt wird.

Wenn die Hörzellen nicht funktionieren,
kann man nichts hören. So gibt es genetische Erkrankungen, bei denen Kinder
schon taub geboren werden, weil die Hörzellen nicht funktionieren. Solche Kinder
bekommen ein kleines Mikrofon, das die
Schallwellen in elektrische Signale umwan-
delt, die dann über feine Drähte im Innen-
ohr den Hörnerv direkt reizen können. Der
Hörnerv kommt gleich nach den Hörzellen

und ist so aufgefächert, dass unterschiedliche Orte unterschiedlichen Tonhöhen entsprechen. Hier, schaut mal:

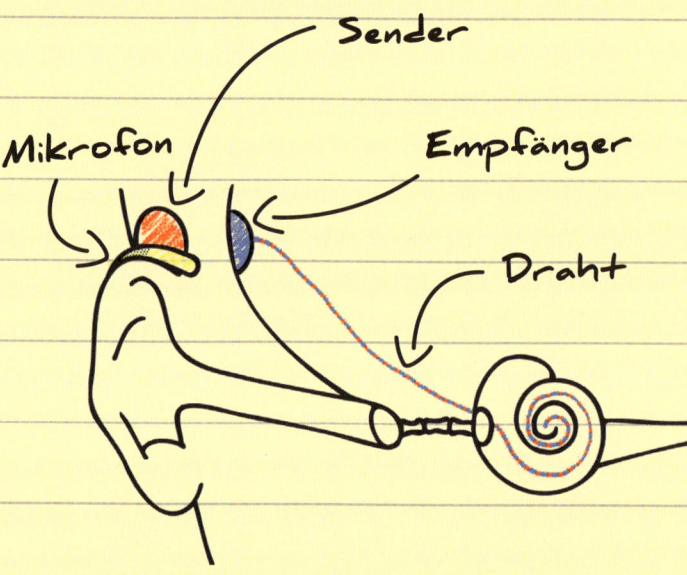

Mit diesem Implantat können taube Kinder
lernen, zu hören und dann auch zu sprechen. Und das sind schon viele: Man
schätzt, dass schon über 300 000 Menschen solche Implantate zum Hören eingesetzt wurden. Aber auch bei Blinden be-
ginnt man seit etwa zehn Jahren Implantate
zu nutzen. Dabei wird ein Computerchip ins
Auge eingebracht. Das Netzhaut-Implantat
setzt Licht in elektrische Signale um. Diese
Signale werden über Drähte zu den beiden
Sehnerven gebracht, sodass die Nerven-
fasern der Sehnerven durch elektrische

Ströme des Implantats gereizt werden können. So kann man Bilder aus etwa 3000 Bildpunkten erzeugen.

Ja, das stimmt, die Sehimplantate sind noch in der Entwicklung. Aber sie sind auch heute schon gut genug, um damit Hindernisse zu erkennen oder ganz große Schrift zu lesen.

Aber dann jetzt, denn: Die Funktion von Nervenzellen im Inneren des Gehirns wird bei der tiefen Hirnstimulation ersetzt. Dabei wird ein feiner Draht in die gewünschte Hirnregion gebracht. Über diesen Draht kann man nun elektrischen Strom in die Region leiten und so die dort liegenden Nervenzellen stimulieren. Was da genau an den Nervenzellen passiert, wissen wir nicht, aber die Methode ist sehr erfolgreich. Es gibt eine Gehirnerkrankung, bei der die Menschen sich immer schlechter bewegen können, weil im Inneren des Gehirns zunehmend Nervenzellen absterben, die für die Bewegung wichtig sind. Die Krankheit heißt Parkinson, aber das ist nicht so wichtig. Wichtiger ist, dass man diesen Menschen mit der tiefen Hirnstimulation so helfen kann, dass sie sich fast wieder normal bewegen können.

Ja, aber nicht wirklich heilen, sondern die Ausfälle, die diese schlimme Gehirnerkrankung macht, aufheben. Und das finde ich wirklich auch toll.

Mittlerweile wird die tiefe Hirnstimulation auch bei anderen Erkrankungen eingesetzt: Bei der Depression, aber auch bei Suchtformen und Zittererkrankungen arbeitet man an der Nutzung. Viele Forscher glauben, dass man damit auch noch andere Erkrankungen des Gehirns angehen kann, aber das ist Zukunftsmusik.

Zurzeit arbeitet man an der Steuerung von Muskeln durch Implantate: Der Bewegungsbefehl für die Muskeln kann zum Beispiel bei Menschen, deren Nerven oder deren Rückenmark kaputt ist, nicht zu den Muskeln kommen. Hier experimentiert man mit Implantaten, die diese Befehle aufnehmen und in elektrische Signale für die Muskeln, für die sie stimulierenden Nerven oder für technische Anzüge umsetzen, die sich bei Reizung zusammenziehen und so von außen Körperteile bewegen können. So hat auch bei der Fußballweltmeisterschaft 2014 ein Querschnittsgelähmter den Anstoß zum ersten Spiel gemacht.

In den Laboren wird noch viel mehr ausprobiert. So hat man zum Beispiel schon bei Hummern einen ganzen Abschnitt des – zugegeben – einfachen Nervensystems durch elektrische Bauteile ersetzt und das Tier konnte immerhin damit weiterfressen.

Das weiß ich nicht. Sicher nicht bald und vielleicht auch gar nicht, denn Gedächtnis und höhere Hirnfunktionen brauchen sehr viele Nervenzellen und sind über das ganze Gehirn verteilt. Da ist ein an einer Stelle sitzendes Implantat vermutlich nicht sehr hilfreich. Aber warten wir es ab ...

Wo sitzt die Mathematik?

Wisst ihr denn überhaupt, was Mathematik ist, ihr schlauen Nervenzellen?

PYRA: „Also, bitte … Natürlich wissen wir das: Mathe ist Rechnen."

PURKI: „Genau: Mathe ist Rechnen. Und Mathe ist doof."

PYRA: „Mooooment! Ohne die Mathematik wäre das Leben auf der Erde …"

Okay, okay, ist schon gut, ihr beiden. Rechnen gehört also zur Mathematik, gut. Aber wie ist es zum Beispiel mit dem Schätzen?

PYRA: „Ich schätze mal … das gehört auch zur Mathematik. Aber warum ist das denn jetzt wichtig?"

Weil das für das Gehirn zwei verschiedene Dinge sind. Die Fähigkeit zu schätzen ist im Gehirn schon ganz früh vorhanden. ==Schon Babys haben einen Zahlensinn.== Dieser wird aber im Laufe des Lebens immer mehr verbessert. Während es einem Neugeborenen nur komisch vorkommt, wenn auf einem Bild ein Eimer zu sehen ist und auf einem anderen Bild daneben der gleiche Eimer, aber dafür gleich zweimal, bemerken Erwachsene schon, wenn von hundert Punkten nur zehn bis 15 fehlen.

PYRA: „Ist ja schön und gut, aber bitte zurück zur Frage! Wir wollen uns doch nicht vor der Antwort drücken, oder?"

Versuch's mal

Schau dir diese beiden Kreise kurz an. Am besten sagst du ganz langsam „ein-und-zwan-zig". Dann blätterst du um. Überlege dann, ob im oberen oder im unteren Kreis mehr Sterne waren. Und wie viele es ungefähr waren. Du wirst überrascht sein, wie gut du geschätzt hast.

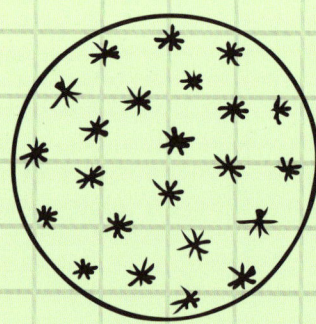

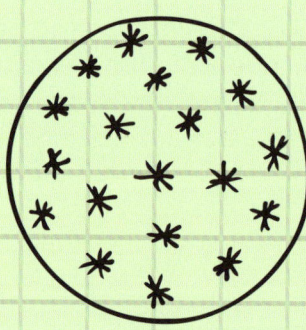

Nein, nein, keine Sorge. Also: ==Die Mathe-bereiche des Gehirns liegen hinten seitlich im Gehirn.== Etwa zehn Zentimeter über den Ohren und etwas dahinter. Also, ich male es euch schnell mal auf. Das Besondere ist, dass es eigentlich drei Bereiche sind: einer für den Zahlensinn (wie zum Beispiel das Schätzen), einer für Zahlen und Raumwahr-nehmung und einer für die Sprache ...

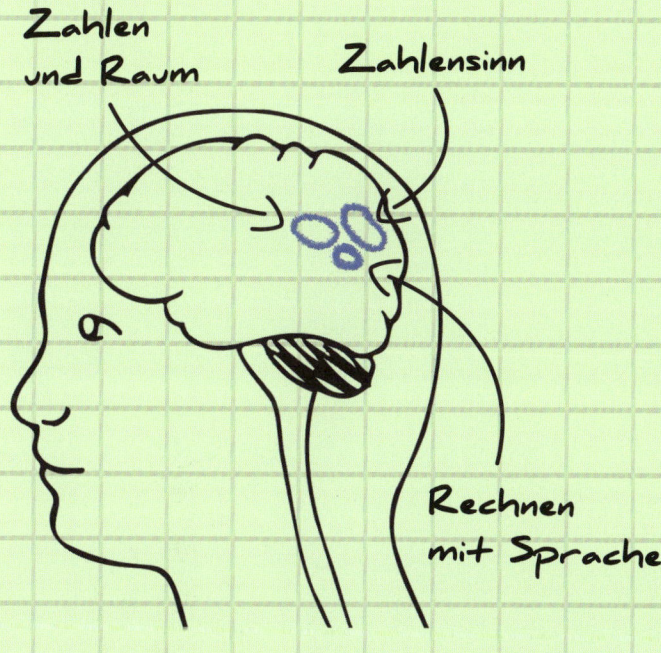

Zahlen und Raum

Zahlensinn

Rechnen mit Sprache

PURKI: „Halt! Was hat denn jetzt bitte die Sprache mit dem Rechnen zu tun?"

Viel. So hat eine Untersuchung gezeigt, dass Studenten, die neben ihrer Mutter-sprache Englisch auch fließend Russisch sprachen, bei Schätzungen zwar in den beiden Sprachen nach derselben Zeit zum Ergebnis kamen. Wenn sie aber rechnen mussten, waren sie in ihrer Muttersprache

schneller. Wenn an dieser Rechnen-mit-Sprache-Stelle Hirngewebe zerstört ist, dann hat man Schwierigkeiten, Sprache zu verstehen – und es gibt Probleme mit dem Rechnen. Die Hirnforscher schließen daraus, dass wir gehörte oder gelesene Zahlen erst in Worte übersetzen, bevor wir mit ihnen im Gehirn addieren oder multiplizieren oder etwas anderes anstellen können. Zudem treten Rechenstörungen häufiger bei Ge-webszerstörungen in der linken Hälfte des Gehirns auf, also in der Gehirnhälfte, die für die Sprache eine größere Bedeutung hat. Also: ==Sprache ist wichtig fürs Rechnen.==

PYRA: „Du hast aber drei Regionen aufgezeichnet. Was ist denn das mit dem Raum?"

Nun, Zahlen haben im Gehirn nicht nur mit Worten, sondern auch mit Abständen und Raumwahrnehmung zu tun. Schon Kinder-gartenkinder ordnen auf einer Messleiste kleine Zahlen eher vorne und große Zahlen eher hinten zu und zeigen kleine Zahlen mit kleinen Bewegungen und große mit ausufernden. Auch bei Menschen, die nicht zur Schule oder in den Kindergarten gegan-gen sind, ist das so. Die Hirnregion, die für die Raumwahrnehmung von Klein und Groß und Nah und Fern zuständig ist, liegt be-nachbart zur Matheregion oder überlappt sie sogar. All das spricht dafür: ==Die Wahr-nehmung von Raum und die Wahrnehmung von Zahlen hängen eng zusammen.==

So ist das Gehirn
spezialisiert

Das Gehirn funktioniert nur als Ganzes und kann nicht in für sich alleine funktionierende Untereinheiten aufgeteilt werden.

Allerdings hat die Hirnforschung in einigen Fällen herausgefunden, wo die Nervenzellen liegen, die für eine Aufgabe besonders wichtig sind. Das funktioniert umso besser, je einfacher die Aufgabe ist. Deshalb wissen wir zum Beispiel, wo die Nervenzellen im Gehirn sind, die die Muskeln der Hand steuern oder die aufgenommenen Lichtreize der Augen sortieren.

Schwieriger wird das schon, wenn die Nervenzellen gesucht werden, die für größere Aufgaben wie die Verarbeitung solcher

Informationen wichtig sind. Diese Bereiche im Gehirn sind oft deutlich größer und nur ungenau anzugeben, zum Beispiel wenn es um die Wahrnehmung von Gesehenem oder die Planung einer Muskelbewegung geht.

Und die Zuordnung wird kaum noch möglich, wenn es um die höchsten Leistungen des menschlichen Gehirns geht, wie zum Beispiel das bewusste Genießen eines schönen Anblicks oder das Weitermalen eines Bildes. In diesen Fällen sind sehr, sehr viele Nervenzellen beteiligt, die an ganz verschiedenen Stellen des Gehirns liegen. Da kann man dann gar keine spezialisierten Bereiche des Gehirns mehr erkennen.

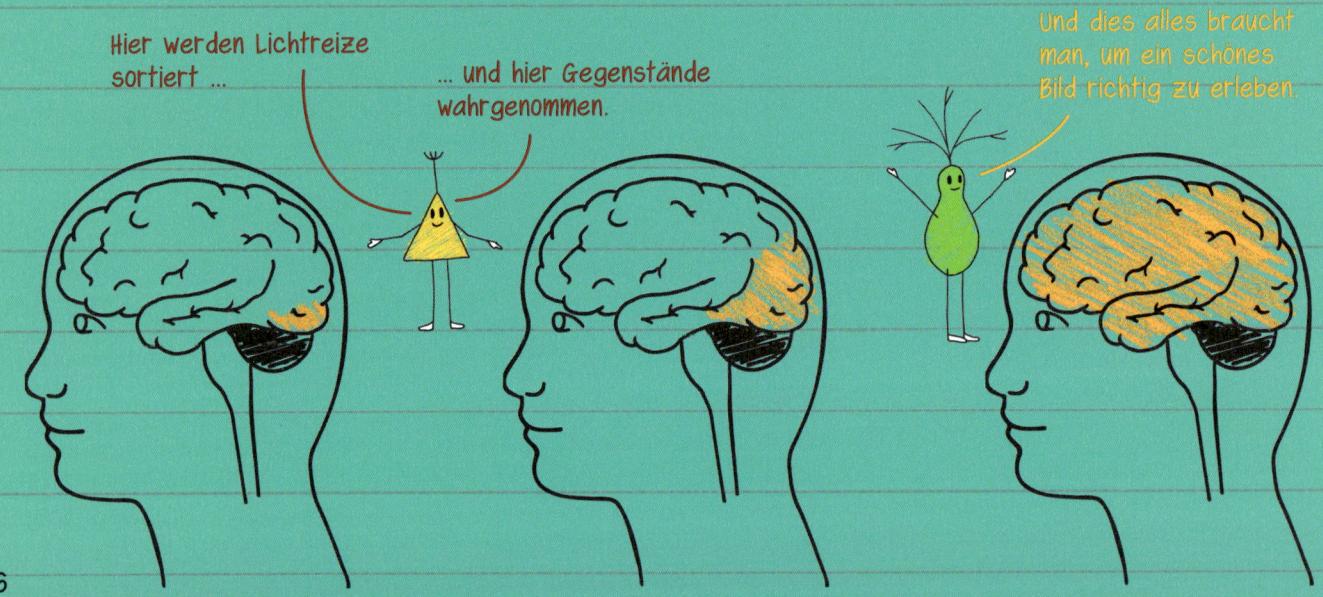

Hier werden Lichtreize sortiert ...

... und hier Gegenstände wahrgenommen.

Und dies alles braucht man, um ein schönes Bild richtig zu erleben.

So braucht man eigentlich immer alle Nervenzellen des Gehirns, damit etwas richtig optimal klappt. Bei manchen Nervenzellen merkt die betroffene Person manchmal fast gar nichts, wenn sie ausfallen. Bei anderen geht gleich gar nichts mehr. So wie man mit einem Auto noch gut fahren kann, wenn nur die Scheiben kaputt sind, aber gar nicht mehr, wenn der Motor nicht mehr funktioniert.

So hat die Hirnforschung viel von Patienten gelernt, die nach Verletzungen oder Erkrankungen des Gehirns auf einmal etwas nicht mehr konnten.

Dabei ist im Laufe der Zeit eine Karte der Hirnrinde entstanden. Sie zeigt die für einige Aufgaben des Gehirns besonders wichtigen Hirnbereiche:

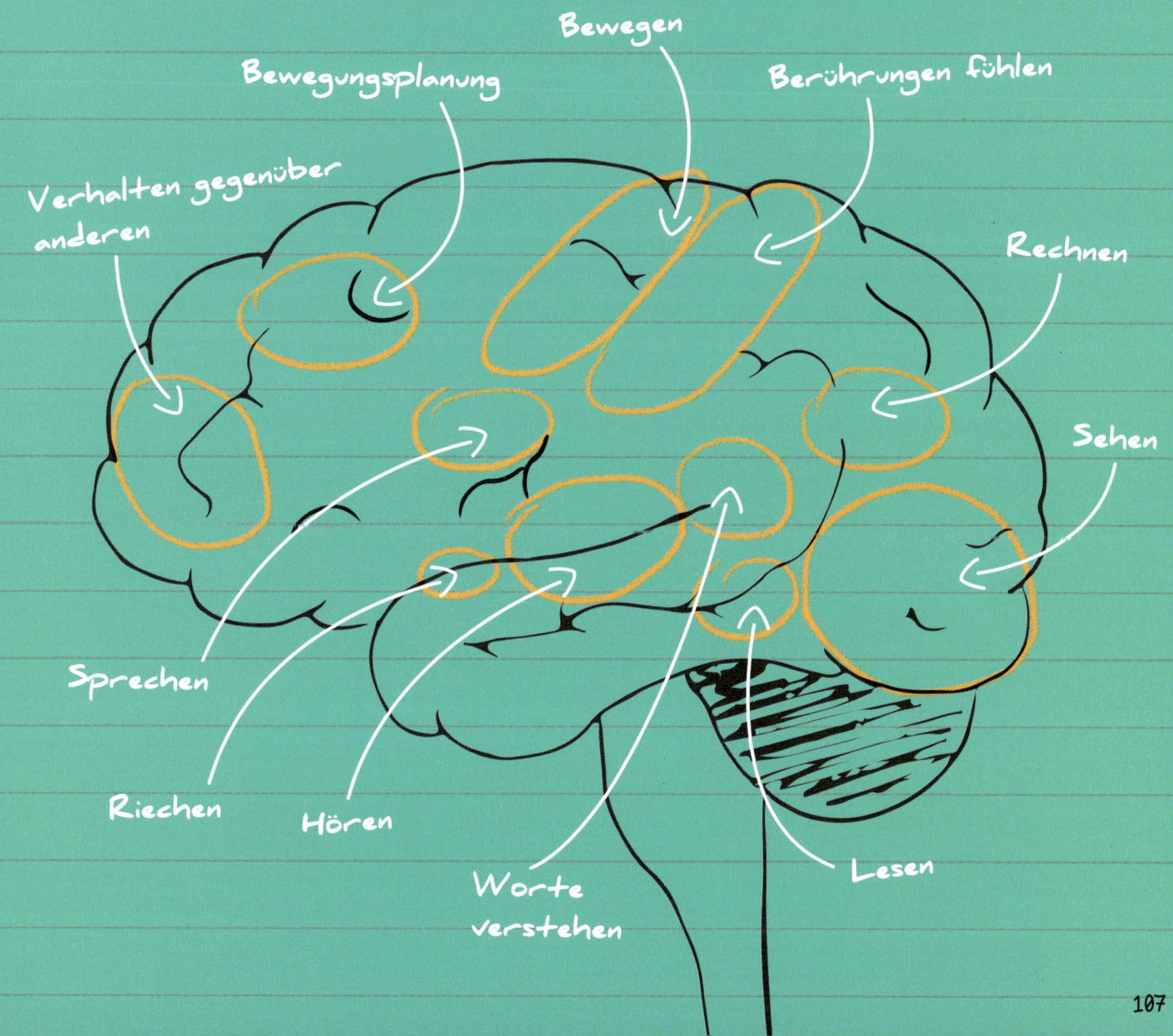

Was macht
ein Hirnforscher?

Sich mit kleinen nervigen Nervenzellen unterhalten.

PURKI: „Sehr witzig. Ich sterbe gleich vor Lachen."
PYRA: „Kannst du das vielleicht auch vernünftig beantworten?"

Hirnforscher versuchen – wie der Name schon sagt –, das Gehirn zu erforschen, also zu verstehen, wie das gesunde Gehirn aufgebaut ist und funktioniert. Einige Hirnforscher beschäftigen sich aber auch mit dem kranken Gehirn und wollen herausfinden, wie die Erkrankungen des Gehirns entstehen und wie man sie behandeln kann.

Die wichtigste Art, zu neuen Erkenntnissen zum Gehirn zu kommen, ist das Experiment. Dabei denkt der Hirnforscher sich zu dem, was er wissen will, eine Frage aus, auf die das Gehirn oder die Nervenzellen

ihm eine Antwort geben. Natürlich kann er das Gehirn ja nicht direkt fragen (und die Nervenzellen normalerweise auch nicht) und deshalb muss die Frage anders sein, nämlich eine Vermutung des Hirnforschers, die durch die Messung von Eigenschaften des Gehirns bestätigt oder widerlegt wird.

Klingt etwas abgehoben? Okay, hier ein Beispiel: Wenn ich wissen will, welche Stelle im Gehirn für die Bewegung des kleinen Fingers zuständig ist, kann ich mit einer besonderen Kamera die Aktivität der Nervenzellen im gesamten Gehirn messen. Das mache ich zuerst bei einer Person, die sich nicht bewegt – Aufnahme 1 – und die dann nur den Finger bewegt – Aufnahme 2. Wenn man jetzt die beiden Bilder vergleicht, zeigt mir der Unterschied die Stelle, bei der zusätzlich Nervenzellen aktiv waren, sobald der kleine Finger bewegt wurde:

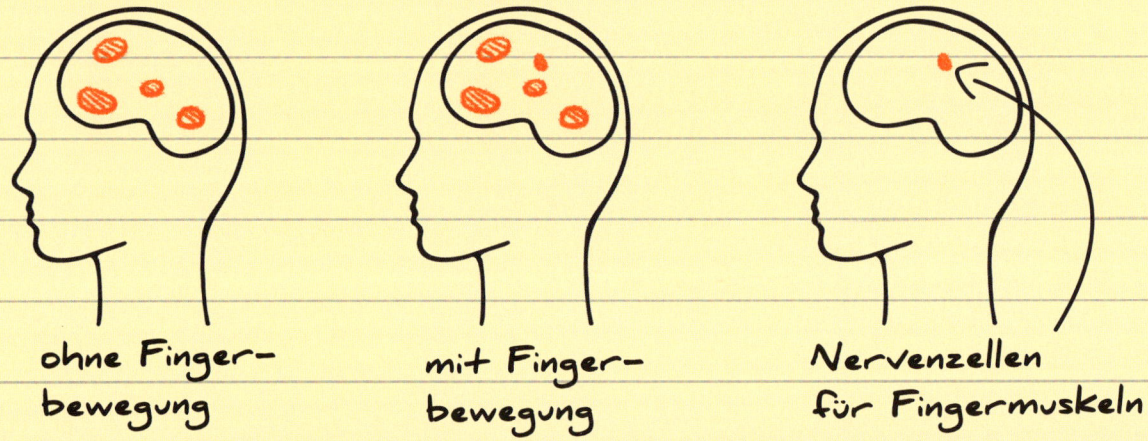

ohne Finger-
bewegung

mit Finger-
bewegung

Nervenzellen
für Fingermuskeln

Mit diesem Experiment hat man die Stelle aber nur für diese Versuchsperson gefunden. Vielleicht ist das eine Ausnahme und bei anderen Menschen liegt die Stelle woanders? Oder die Versuchsperson hat gerade nicht nur den Finger bewegt, sondern auch noch etwas anderes gemacht? Deshalb muss man Experimente wiederholen. Und erst wenn bei derselben Person mehrfach hintereinander und bei vielen anderen Menschen das gleiche Ergebnis herausgekommen ist, dann kann man mit aller Vorsicht verallgemeinern, dass dort im Gehirn die Stelle für die Bewegung des kleinen Fingers liegt.

PURKI: „Das klingt anstrengend.“
PYRA: „Und zeitraubend.“

Es ist aber auch sehr spannend. Die Experimente können sehr unterschiedlich sein. Es gibt viele verschiedene Methoden in der Hirnforschung. Außer der Methode meines Beispiels, die man als Bildgebung bezeichnet, kann man auch die einzelnen Nervenzellen untersuchen, indem man sie mit Farbstoffen belädt oder mit einem winzig dünnen Glasröhrchen ansticht, um so die elektrischen Impulse zu erfassen. Andere Hirnforscher zerlegen mit chemischen Methoden Nervenzellen und untersuchen die Bestandteile der Nervenzellen.

Neben dem Experiment kann man aber auch neue Erkenntnisse gewinnen, wenn man genau beobachtet. So kann ein Arzt durch die Beobachtung seiner Patienten viel erfahren. Die Ausfälle nach Schlaganfällen oder Hirnverletzungen können dann auch darauf hinweisen, welche Aufgabe die Nervenzellen hatten, die bei dem Patienten zerstört sind. So ist die Funktion vieler Hirnbereiche erforscht worden. Einige Beispiele sind hier ja auch im Buch.

PURKI: „Alles schön und gut, aber was arbeitet denn ein Hirnforscher so den ganzen Tag?“

Die meisten Hirnforscher arbeiten an Universitäten, Forschungsinstituten oder in den Forschungsabteilungen von Firmen. Deshalb sind die Tagesabläufe auch unterschiedlich. Ein typischer Tag könnte so aussehen, dass der Forscher zuerst Lehrer ist und in einer Art Klasse einen Vortrag hält, den man Vorlesung nennt. Denn sein Wissen über das Gehirn soll er an Menschen weitergeben, die zum Beispiel Arzt werden wollen oder selbst in der Hirnforschung arbeiten möchten. Danach geht er ins Labor oder in die Klinik, wo er Experimente zum Gehirn macht, also Geräte aufbaut und Messungen an Menschen oder Tieren vornimmt. Dann kommt noch eine Menge Schreibtischarbeit dazu. Denn die Messergebnisse müssen ausgewertet und vielleicht mit Ergebnissen anderer Forscher verglichen werden. Dann müssen sie in einem Text so erklärt werden, dass er von wissenschaftlichen Zeitungen veröffentlicht und von vielen Menschen verstanden werden kann. Schließlich muss er auch noch Anträge schreiben, damit er Geld für neue Experimente bekommt.

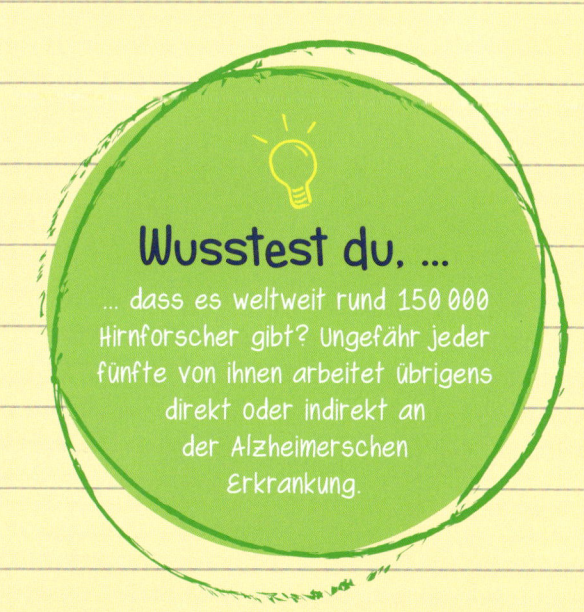

Wusstest du, …

… dass es weltweit rund 150 000 Hirnforscher gibt? Ungefähr jeder fünfte von ihnen arbeitet übrigens direkt oder indirekt an der Alzheimerschen Erkrankung.

Warum bilden
Nervenzellen Netze?

PURKI: „Netz? Erinnert mich an Fußball ...“

Die Idee ist gar nicht so schlecht. Stellt euch ruhig mal ein Tornetz vor. Viele Schnüre sind so miteinander verknotet, dass rechteckige Maschen entstehen. Im Gehirn ist das so ähnlich: Nervenzellen sind über die Kontaktstellen, die Synapsen, vielfach miteinander verbunden. Im Schnitt hat eine Nervenzelle ein paar Tausend Kontaktstellen zu anderen Nervenzellen. Also ein bisschen mehr als beim Tornetz ... Und da es sehr viele Nervenzellen gibt, entsteht so ein riesiges Netz. ==Das Netz der Nervenzellen ist das komplizierteste Netzwerk, das wir Menschen kennen.==

PURKI: „Von mir aus. Aber was macht das für einen Sinn?“

In diesem riesigen Netz von Nervenzellen wird gerechnet, verarbeitet und gespeichert. Und je größer das Netz ist, desto besser geht das. Stellt euch vor, es gäbe ein Gehirn, das nur drei Nervenzellen hat.

PYRA: „Ein trauriger Zustand. Nur drei einsame kleine Nervenzellen. Aber gut, ich stelle es mir mal vor ...“

Gut. Und jetzt stellt euch vor, es kommt irgendeine Nachricht ins Gehirn. Sie wird im Gehirn verarbeitet und führt dann zu einem Befehl, den das Gehirn aussendet.

PURKI: „Klar soweit.“

Mit drei Nervenzellen käme man nur auf drei verschiedene Befehle, denn Aktivität von Nervenzelle A könnte der erste Befehl sein, Aktivität von Nervenzelle B der zweite Befehl und die von Nervenzelle C der dritte. Jetzt kommt aber der Trick: Stellt euch vor, die drei Nervenzellen wären untereinander verbunden, würden also ein Netz bilden. Ich male euch das mal auf:

Gehirn mit
3 Nervenzellen:

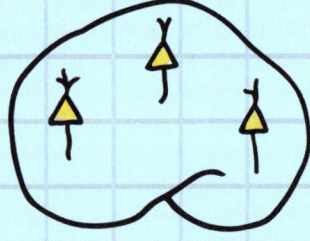

ohne Netz:

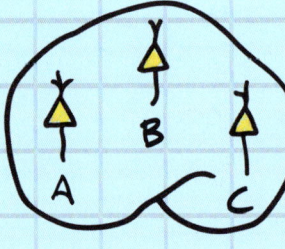

→ A
→ B
→ C

3 Möglichkeiten

Jetzt könnte das Gehirn schon viel mehr verarbeiten und mehr Befehle erzeugen, nämlich nicht nur drei, sondern sieben: Die vierte Nachricht wäre, wenn Nervenzelle A und B gleichzeitig aktiv sind, die fünfte bei B und C, die sechste bei A und C und die siebte Nachricht, wenn die drei Nervenzellen alle gleichzeitig aktiv sind. Das heißt: ==Die Vernetzung der Nervenzellen erhöht die Arbeitsmöglichkeiten des Gehirns.==

Bei vier Nervenzellen, die miteinander vernetzt sind, wären es dann schon 15 statt 4 Möglichkeiten. Bei zehn Nervenzellen sind es schon 1 023 statt nur 10, bei zwanzig Nervenzellen schon über eine Million. Und beim menschlichen Gehirn mit den vielen Milliarden Nervenzellen sind es unvorstellbar viele Verarbeitungsmöglichkeiten.

PURKI: „Gemeinsam sind wir stark!"

Bei dem Nervenzellnetzwerk kommt noch hinzu, dass es nicht rein zufällig aufgebaut wird, sondern nach Wichtigkeit gestuft: ==Im großen Netzwerk des Gehirns gibt es sehr viele kleinere Teilnetzwerke aus Nerven== zellen. So gibt es Nervenzellen, die nur mit einfachen Nachrichten beschäftigt sind, und andere, die sich nur mit schwierigen Nachrichten beschäftigen.

PURKI: „Hast du mal ein Beispiel?"

Am besten hat man das beim Sehen untersucht. Es gibt Nervenzellen beim Sehen, die tätig sind, sobald Licht da ist. Das sind einfache Nachrichten. Andere Nervenzellen sind spezialisierter und werden zum Beispiel nur aktiv, wenn die Helligkeit gerade zunimmt oder sich das Licht bewegt. Und schließlich gibt es übergeordnete Nervenzellen, die nur dann aktiv werden, wenn Licht mit einer bestimmten Geschwindigkeit, Helligkeit, Farbe und Form sowie aus einer bestimmten Richtung ins Auge fällt. Das sind dann aber schon große Teilnetzwerke von sehr vielen Nervenzellen. Damit hört es aber auch auf und eine „Großmutternervenzelle" gibt es nicht.

PURKI: „Großmutter? Lass mal die alten Leute in Ruhe."

Mach ich ja, aber den Begriff gibt es wirklich. Die Wissenschaftler wollen damit ausdrücken, dass es keine Nervenzelle gibt, die nur aktiv ist, wenn man seine Großmutter sieht, und die damit allein die Nachricht „Das ist meine Großmutter." trägt.

PYRA: „Wäre ja auch blöd. Denn wenn die Nervenzelle mal pennt oder kaputt ist, würde man seine eigene Großmutter nicht mehr erkennen."

Genau, das macht das Gehirn anders. Aber wie, das wissen wir nicht genau.

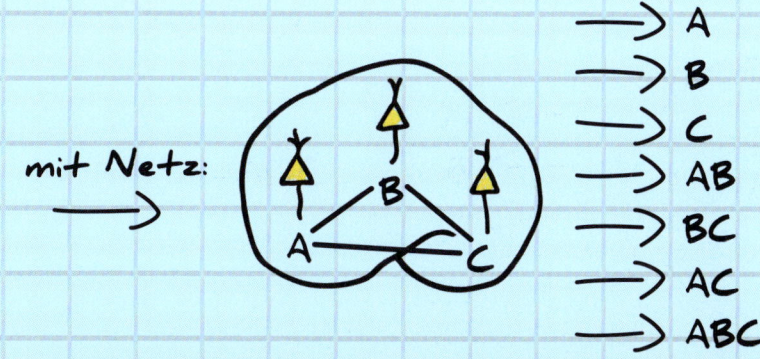

mit Netz:

A
B
C
AB
BC
AC
ABC

Was ist gut
für Nervenzellen?

PYRA: „Da lass uns mal. Wir wissen, was uns guttut."
PURKI: „Genau: Chillen im Liegestuhl mit einem Bierchen und sonst nichts tun …"

Da nennst du genau das, was nicht gut ist für Nervenzellen: Untätigkeit schadet Nervenzellen. Wenn Nervenzellen nicht aktiv sind, dann verlieren sie immer mehr Kontaktstellen und auch ihre Fortsätze werden weniger.

PURKI: „Upps, das ruiniert ja meine Frisur!"

Deshalb ist es gut, wenn man seine Nervenzellen beschäftigt. Und da wir sehr unterschiedliche Bereiche im Gehirn haben, geht das am besten, wenn man viel Unterschiedliches macht, also nicht nur Fernsehen, nur Schule oder nur Sport, sondern von allem etwas.

PYRA: „Ich mache zu viel Schule … aber ich lese auch viel."
PURKI: „Das klingt nicht besonders unterschiedlich, wenn du mich fragst …"

Lesen ist gut für das Gehirn, denn dabei muss man sich Dinge vorstellen und sich vor dem inneren Auge ausmalen, was man gerade liest. Das sind Aufgaben, die sonst im täglichen Leben wenig vorkommen. Aber man kann auch zu viel lesen. Wenn man sechs, acht Stunden pro Tag liest, bleibt einfach zu wenig Zeit für das Training der Nervenzellen anderer Hirnbereiche. Und das schadet dem Gehirn.

Ein anderes Beispiel ist Sport. Sport ist gut für Nervenzellen. Zum einen, weil damit Nervenzellen von Bereichen des Gehirns gefordert werden, die für Bewegung, Koordination, Wahrnehmung und so weiter zuständig sind. Das sind Aufgaben, die man in der Schule oder dem Büro nicht so häufig macht. Zum anderen verbessert sportliches Training die Leistung von Herz und Blutgefäßen. Und das ist wichtig für das Gehirn, denn damit werden die Versorgung der Nervenzellen und auch der Abtransport von Abfallstoffen verbessert. So hat man herausgefunden, dass sportliches Training bei Alzheimer-Erkrankten zu Besserungen führen kann. Also runter vom Liegestuhl und rauf auf das Laufband.

Nein, überhaupt nichts. Alkohol ist ein Gift, das auch Nervenzellen schädigt und tötet. Bei Menschen, die sich betrinken, gehen jedes Mal Nervenzellen kaputt – manchmal über einhunderttausend! Aber auch die Abbauprodukte und die Schädigung der Leberfunktion sind nicht gut für die Nervenzellen. Und wenn Frauen in der Schwangerschaft viel Alkohol trinken, haben die Babys nur kleine Gehirne und noch andere Fehlbildungen, die das ganze Leben lang bleiben. Alkohol ist also gefährlich, besonders für Kinder. Denn bei Kindern verändern sich die Nervenzellen noch stark und sind daher besonders empfindlich gegenüber solchen Giften.

Noch schlimmer ist das aber bei anderen Drogen, von denen wir die genaue Wirkung oft noch gar nicht kennen. Häufig greifen die Drogen an den Kontaktstellen zwischen den Nervenzellen an und verdrängen jeweils einen Überträgerstoff. Dadurch gerät das ganze System dieses Überträgerstoffes im Gehirn aus dem Gleichgewicht, was zum einen direkt nach der Einnahme die erwünschte wohltuende Wirkung hat, auf Dauer aber das System stört und schädigt.

Besonders gefährlich ist dabei – und das verstehen wir Hirnforscher noch überhaupt nicht –, dass manchmal schon ein einziges Mal Drogeneinnahme dazu führen kann, dass man sein Leben lang Probleme hat und auch Jahre später plötzliche Wahrnehmungsstörungen auftreten.

PURKI: „Ich wette, Fernsehen und Internet sind für dich dann auch Teufelszeug …"

Nein, da ist es nicht so eindeutig. Fernsehen und Internet haben auch gute Seiten für die Nervenzellen. Fernsehen trainiert die Nervenzellen des Sehsystems und je nachdem, was man guckt, kann man auch viel lernen. Auch Internetsurfen wird von den Hirnforschern nicht so kritisch gesehen, weil man dabei viele Entscheidungen treffen muss. Das könnte sogar ältere Menschen vor Altersdemenz schützen. Und Computerspiele verbessern nachweislich Reaktionsgeschwindigkeit und Genauigkeit der Fingerbewegungen. Also alles gar nicht schlecht für die Nervenzellen, wenn … ja wenn man nicht zu viel mit dem Fernseher oder Computer macht. Ein kluger Arzt mit dem schönen Namen Theophrastus Bombast von Hohenheim hat vor vielen Hundert Jahren schon gesagt: Alles ist Gift, was man zu viel zu sich nimmt. Die moderne Hirnforschung hat das für die Nervenzellen bestätigt. Also: Das Beste für Nervenzellen ist, viel Verschiedenes zu machen.

PYRA: „Also, Purki, runter vom Liegestuhl, beweg dich, lies und lauf und spiel und surf."

PURKI: „Noch ein kleines Weilchen … da hätte Theophrastus sicher nichts dagegen."

Wusstest du, …

… dass es in Asien kaum Alkoholsüchtige gibt? Viele Menschen dort haben im Körper ein bestimmtes Molekül nicht, das zum Abbau des Alkohols gebraucht wird. Deshalb wird ihnen beim Trinken von Alkohol schnell schlecht und sie verlieren die Lust weiterzutrinken. In Europa dagegen ist rund jeder 30. alkoholsüchtig und wird von seinem Gehirn getrieben, ständig Alkohol zu trinken.

Welchen Schlag bekommt das Gehirn bei einem Schlaganfall?

Wie bei einem Schlag, den jemand mit einem Stock oder Hammer bekommt und der ihn sofort umwirft und vielleicht bewusstlos macht, kommt auch der Schlaganfall ganz plötzlich. Schlagartig halt.

PURKI: „Schlag dir mal gleich aus dem Kopf, dass das als Erklärung reicht!"

Keine Sorge, ich war ja noch gar nicht fertig. Also: Ihr wisst ja noch, dass das Gehirn über Blutgefäße versorgt wird, die im Blut vor allem Sauerstoff, aber auch Zucker und so weiter heranbringen. Ohne Sauerstoff können die Nervenzellen nur noch ein paar Sekunden arbeiten, dann funktionieren sie nicht mehr und nach einer Minute ohne Sauerstoff sterben sie.

PURKI: „Wie könnten wir diese Gruselgeschichte jemals vergessen ...?!?"

Wenn irgendwo im Körper die Blutgerinnung nicht richtig funktioniert und sich dadurch ein Pfropf aus Blutbestandteilen bildet, kann dieser mit dem Blut ins Gehirn geschwemmt werden. Ein Schlaganfall entsteht, wenn ein Blutgefäß verstopft wird.

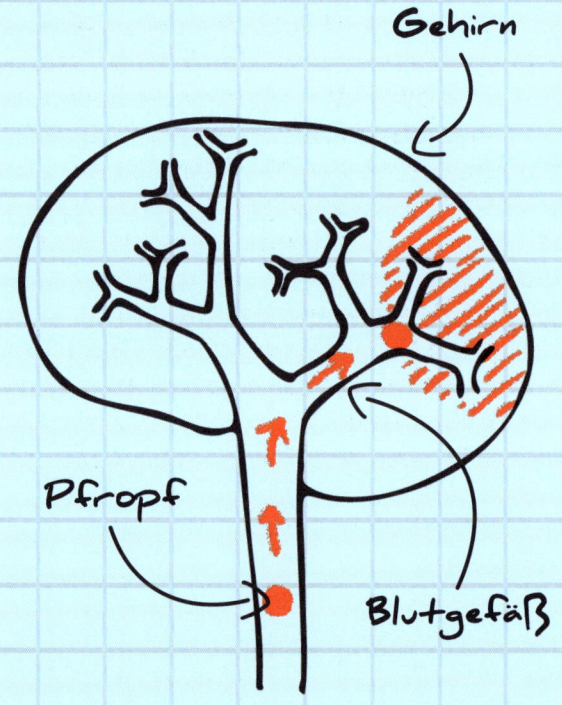

Gehirn

Pfropf

Blutgefäß

So wie ein großer Lastwagen, der in die Gassen einer Stadt fährt, die immer enger werden, bis er schließlich feststeckt und nicht mehr weiterfahren kann. So wie dann gar nichts mehr durch diese Gasse durchkommt, kommen auch im Blutgefäß keine Nährstoffe mehr zu den Nervenzellen an der Verstopfung vorbei – auch kein Sauerstoff.

PURKI: „Und den brauchen wir ja unbedingt. Das weiß ich sehr gut. Ohne Sauerstoff ... sieht's schlecht für uns aus."

Richtig. Die Nervenzellen, die hinter einer verstopften Stelle eines Blutgefäßes liegen, funktionieren nicht mehr und sterben schließlich ab. Und damit fallen auch die Hirnfunktionen aus, für die diese Nervenzellen zuständig sind: Wenn es hinten im Gehirn ist, gibt es Probleme beim Sehen, seitlich im Gehirn kann das Hören betroffen sein – oder auch das Lesen oder Rechnen. Am häufigsten sind aber Nervenfortsätze betroffen, die zu den Muskeln ziehen. Das führt dann zu Lähmungen – manchmal einer ganzen Körperseite oder auch nur eines Armes oder Beines. Wenn der Schlaganfall auf der linken Hirnseite erfolgt, ist oft auch die Sprache betroffen – manchmal kann der Erkrankte dann gar nicht mehr reden, manchmal hat er nur Probleme mit dem Finden der richtigen Worte.

PYRA: „Kann man einen Schlaganfall denn behandeln?"

Solange die Nervenzellen noch nicht tot sind, kann man etwas machen. Mit Medikamenten kann man die Verstopfung auflösen. Dann kann das Blut wieder durch das Gefäß strömen und die Nervenzellen bekommen wieder Sauerstoff. Das muss man aber machen, bevor die Nervenzellen kaputtgegangen sind. Deshalb müssen die Menschen nach einem Schlaganfall so schnell wie möglich ins Krankenhaus gebracht werden.

PYRA: „Und ... wenn das nicht klappt?"

Wusstest du, ...

... dass es nach einem Schlaganfall ganz wichtig ist, schnell ins Krankenhaus zu kommen? Wenn also jemand plötzlich bewusstlos wird oder ein Körperteil nicht mehr bewegen kann, ruf sofort die 112 an! Dann können die Ärzte den Pfropf auflösen und die Nervenzellen retten.

Wenn schon Nervenzellen kaputtgegangen sind, muss man das Gehirn unterstützen, mit dem Schaden fertigzuwerden. Es wird dann nämlich versucht, die ausgefallenen Funktionen von anderen Nervenzellen übernehmen zu lassen. Das kann man durch gezieltes Training und durch Verbesserung der Durchblutung des ganzen Gehirns unterstützen.

PURKI: „Kann ein Schlaganfall jeden treffen?"

Bei jungen Menschen kommt er selten vor, nur bei besonderen Krankheiten. Der Schlaganfall tritt vor allem bei älteren Menschen auf. Weil sich da leichter Pfropfe im Blut bilden und die Blutgefäße nicht mehr in so gutem Zustand sind. Der Schlaganfall ist auch eine recht häufige Erkrankung. In Deutschland sind es jedes Jahr mehr als 150000 Menschen, die daran erkranken. Und viele kommen leider zu spät ins Krankenhaus: Jeder fünfte Erkrankte stirbt am Schlaganfall und ein großer Teil wird nicht wieder ganz gesund.

PYRA: „Daran müsst ihr also echt noch arbeiten, ihr Menschen ..."

Was ist Fantasie?

Die Frage habe ich befürchtet. Immer diese Fragen, wie das Gehirn Fantasie erzeugt, Kunst macht, kreativ wird, Gedanken hervorbringt und so weiter. Sie sind ohne Zweifel gut und interessieren uns. Aber leider kann die Hirnforschung dazu nur sehr wenig sagen. Das liegt daran, dass Fantasie zu den höchsten Leistungen des menschlichen Gehirns gehört. Und je höher die Hirnleistung ist, desto mehr Nervenzellen und Bereiche des Gehirns müssen dabei zusammenarbeiten. Ja, eigentlich die gesamte Hirnrinde und nicht nur ein einzelner Bereich. Daher gilt: ==Es gibt keinen festen Ort für Fantasie im Gehirn.==

PURKI: „Okay, also kein fester Ort. Aber was weiß man sonst?"

PYRA: „Man weiß, dass Fantasie von den fantastischen Nervenzellen kommt."

In der Tat kann man aus den Arbeitsweisen der Nervenzellen Rückschlüsse ziehen. Und da fällt auf, dass die Nervenzellen ständig neue Verbindungen aufbauen. Manche neuen Verbindungen erscheinen ganz logisch, zum Beispiel wenn wir eine Bewegung beim Sport immer wieder üben. Dann wird diese Nervenzellverbindung durch die ständige Wiederholung verstärkt und die Steuerung der Bewegung wird mit der Zeit immer besser.

Aber der Aufbau anderer Nervenzellverbindungen erscheint uns zufällig. Ohne besonderen Anlass wird eine Verbindung zwischen zwei Nervenzellen aufgebaut und oft nach einiger Zeit auch wieder aufgelöst. Da liegt es nahe zu vermuten, dass hier die Quelle von Fantasie und allen anderen Neuschöpfungen des Menschen liegt. ==Durch den spontanen Aufbau von Nervenzellverbindungen können neue Informationswege im Gehirn und so neue Inhalte entstehen.== Vielleicht kommt es so zu neuen Einfällen, Gedanken oder Kunstwerken.

Schau mal, wie kreativ ich bin!

Das nennst du kreativ? Dann schau dir mal mein Kunstwerk an.

PURKI: „Das klingt alles ziemlich zufällig."

PYRA: „Und dabei seid ihr Menschen doch so stolz auf eure Dichter und Denker. Dann sind das ja wohl doch eher wir, die da denken und dichten."

Das ist eine interessante Diskussion, auf die du da zu sprechen kommst, Pyra. Aber nicht an der Fantasie oder dem Kunstschaffen hat sie sich entzündet, sondern an einfachen Entscheidungen. Dabei hat die Hirnforschung nämlich durch Messung der Nervenzellaktivität herausgefunden, dass schon Bruchteile von Sekunden, bevor die Person selbst wusste, wie sie sich entscheiden würde, im Gehirn bereits die Steuerung für die dazu passende Bewegung begonnen wurde. Einige – auch Hirnforscher – haben daraus geschlossen, dass wir uns gar nicht frei entscheiden können, sondern dass alles durch die Rechenarbeit unserer Nervenzellen bestimmt wird.

PURKI: „Bravo! Ein Hoch auf die Nervenzellen!"

PYRA: „Da kannst du aber froh sein, lieber Hirnforscher, dass du so schlaue Nervenzellen wie uns hast!"

Also kein freier Wille, der uns die Möglichkeit gibt, eigenverantwortlich zu entscheiden, ob wir Spaghetti oder Pizza bestellen oder ob wir dem Sitznachbarn in der Schule helfen oder ihm ein Bein stellen, sondern nur Nervenzellaktivität.

PURKI: „Nochmals Bravo! Bravissimo! Ein doppeltes Hoch auf die Nervenzellen."

PYRA: „Sei mal still, Purki. Er denkt was. Was denkst du denn?"

Ich denke: Die Frage nach der Freiheit von Entscheidungen ist keine Frage der Hirnforschung allein. Denn die Hirnforschung untersucht nur die Funktion des Gehirns. Aber anderes, wie Gott, den Geist oder die Seele, kann sie mit ihren Methoden nicht untersuchen. Das machen die Geisteswissenschaften wie die Philosophie und die Theologie. Und das ist auch eine Frage des Glaubens. Da kann die Hirnforschung allein keine abschließende Antwort geben – so wie man mit einer Waage nicht alles über einen Apfel herausfinden kann, sondern nur sein Gewicht. Auch die Hirnforschung ist in ihren Möglichkeiten begrenzt und kann nicht alles erklären.

Wusstest du, ...

... dass die Menschen im Mittelalter das Gehirn für unwichtig hielten? Sie sahen es mehr als eine Art Kühlaggregat an und fanden Organe wie das Herz viel wichtiger, vor allem aber die Seele, die an verschiedenen Stellen im Körper wohnen sollte. Erst vor gut hundertfünfzig Jahren haben die Forscher dann nachgewiesen, dass das Gehirn für unser Handeln und Denken so wichtig ist.

Was sind die häufigsten Erkrankungen im Gehirn?

Zunächst einmal: Hirnerkrankungen sind sehr häufige Erkrankungen. Man schätzt, dass in Europa mehr als 25 Prozent, also jeder Vierte, an einer Erkrankung des Gehirns leiden.

PYRA: „Moment mal, ich kenne keinen Einzigen."
PURKI: „Nur den Herrn Professor, der ein wenig schwach in der Birne ist."

Es sind verschiedene Erkrankungen des Gehirns, die erst zusammen diese große Zahl ausmachen:

Über die Alzheimer-Erkrankung und den Schlaganfall haben wir ja schon gesprochen. Allein Alzheimer-Erkrankungen und Schlaganfälle kommen zusammen schon bei zwei bis drei Prozent der Bevölkerung vor.

Sehr häufig ist auch die Epilepsie, die noch mal ein Prozent der Bevölkerung betrifft. Bei der Epilepsie kommt es in den Nervenzellen vorübergehend zu falscher Aktivität. Die kurzen elektrischen Spannungsimpulse, mit denen sich die Nervenzellen normalerweise unterhalten, werden bei einem

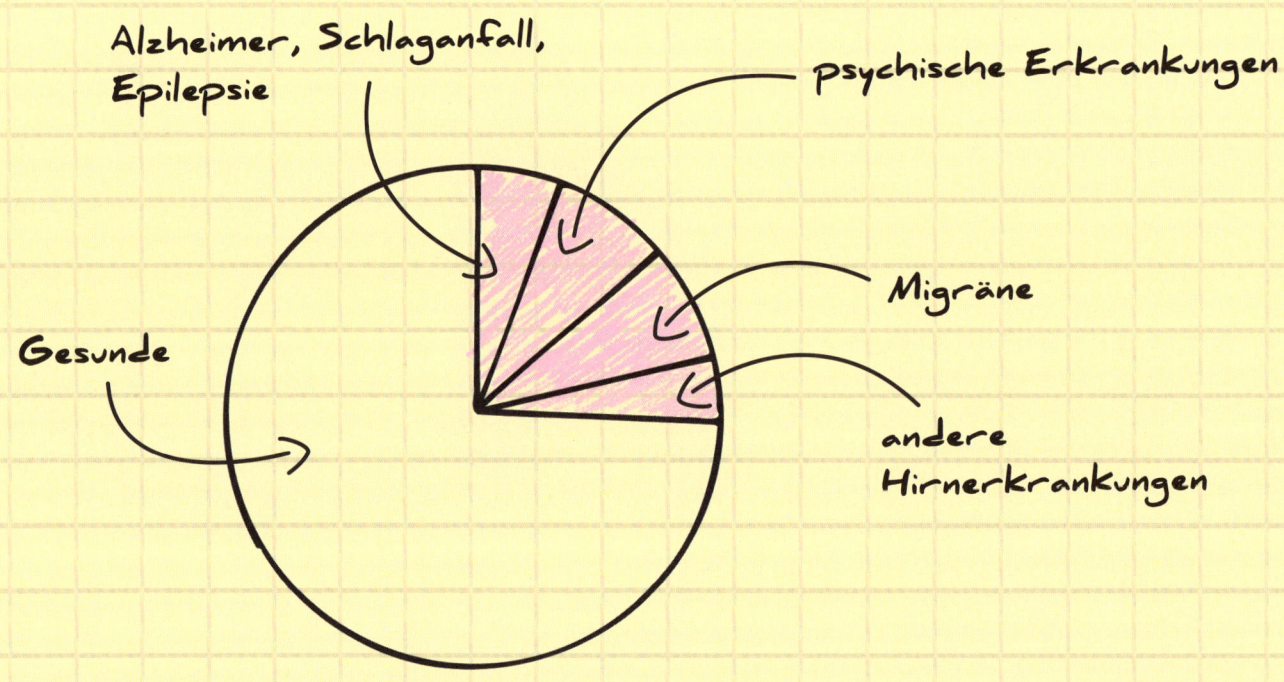

Alzheimer, Schlaganfall, Epilepsie

psychische Erkrankungen

Migräne

andere Hirnerkrankungen

Gesunde

epileptischen Anfall durch sehr viel länger andauernde Spannungssignale ersetzt, nach denen lange Pausen folgen:

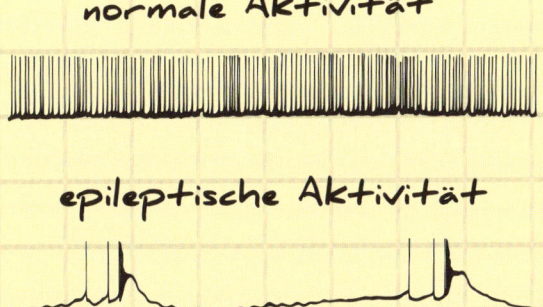

normale Aktivität

epileptische Aktivität

Noch schlimmer: Diese sinnlosen Signale breiten sich aus und werden von anderen Nervenzellen übernommen, die im Takt dasselbe Muster von Spannungssignalen und Pausen machen. In dieser Zeit kann dann keine sinnvolle Kommunikation der Nervenzellen mehr stattfinden, das Gehirn arbeitet nicht mehr richtig. Im schwersten Fall stürzen die Betroffenen während dieses Anfalls zu Boden, sind ohne Bewusstsein und zucken regelmäßig mit ihren Armen und Beinen, weil die Muskeln immer während der krankhaften Spannungssignale massiv aktiviert werden und sich in den langen Pausen wieder komplett entspannen.

PURKI: „Puh, die armen Menschen."

PYRA: „Und vor allem die armen Nervenzellen. Wäre ja total übel, wenn ich immer dasselbe wie du machen müsste."

Das Gute ist, dass der Anfall spätestens nach wenigen Minuten von allein wieder aufhört, die Nervenzellen wieder ihre normalen Spannungsimpulse machen und normal miteinander arbeiten. Warum das so ist, wissen wir nicht. Auf jeden Fall ist es nicht so, dass die Nervenzellen einfach erschöpft sind und nicht mehr können, so wie ein Mensch, der einfach lossprintet und dann nach kurzer Zeit stehen bleiben muss, weil er nicht mehr kann.

PYRA: „Gut, Epilepsie haben wir. Aber von einem Viertel der Menschen, die Hirnerkrankungen haben, sind wir noch weit weg."

Nicht mehr lange. Jetzt kommen zwei große Gruppen: Die psychischen Erkrankungen betreffen fünf bis zehn Prozent aller Menschen. Früher hat man sie als geistige Krankheiten bezeichnet und ihre Ursache unabhängig vom Gehirn in seelischen oder geistigen Störungen gesehen. Heute wissen wir, dass dabei einiges im Gehirn schiefläuft. Bei der Depression, bei der die Erkrankten extrem traurig sind, teilnahmslos werden und kaum noch etwas machen, ist ein System des Gehirns gestört, in dem die Nervenzellen mit einem besonderen Überträgerstoff arbeiten. Wir wissen – oder besser: vermuten – das, weil Medikamente, die bei Depressionen helfen, dieses Gehirnsystem beeinflussen.

Die andere große Gruppe der häufigsten Hirnerkrankungen sind die Kopfschmerzen.

PURKI: „Klar, wenn man viel Bier trinkt oder die Bierflasche auf den Schädel geknallt bekommt, dann tut selbiger weh ..."

Ich meine nicht Kopfschmerzen, die jeder mal bekommt, wenn er schlecht geschlafen oder etwas Falsches gegessen oder getrunken hat. Ich meine Kopfschmerzen, die ohne erkennbare Ursache kommen und die die Betroffenen richtig krank machen. Die häufigste Kopfschmerzform ist die Migräne, an der allein etwa zehn Prozent der Menschen leiden. Auch sie kommt in Anfällen und führt zu Veränderungen im Gehirn. Die Flüssigkeit um die Nervenzellen herum ist dann verändert und läuft als Welle über das Gehirn. Aber ob das die Ursache ist ...

PYRA: „Na, dann hast du ja noch was zu forschen."

Warum kann man
sich nicht selbst kitzeln?

Wenn wir gekitzelt werden, also schnell und leicht an der Haut berührt werden, dann löst das in unserem Gehirn eine Antwort aus. Das kann dann zum Krümmen des Körpers, Strampeln oder Wegziehen, zum Beispiel des Fußes, führen. Oder zu Gänsehaut oder auch Lachen. Also ganz Verschiedenes. Eines ist aber gemeinsam: Man kann die Reaktion auf Kitzeln fast gar nicht kontrollieren. Wenn man kitzelig ist, wird man irgendwann nicht mehr stillhalten können und in Lachen ausbrechen, sobald man gekitzelt wird. Auch wenn man sich noch so bemüht. Und umgekehrt kann man das Lachen auch nicht anschalten wie eine Lampe oder seiner Haut befehlen, Gänsehaut zu bekommen.

PYRA: „Tja, da sieht man mal, dass ihr Menschen eben doch nicht alles unter Kontrolle habt."

Damit gehört die Kitzelreaktion zu einer besonderen Gruppe von Körperreaktionen, die wir Reflexe nennen. Reflexe sind unbewusste, kaum kontrollierbare und bei Wiederholung immer wieder gleiche Reaktionen.

Die bekanntesten Reflexe haben mit Bewegungen zu tun. Immer wenn ein Muskel durch eine Bewegung plötzlich gedehnt wird, steuern Nervenzellen dagegen und sorgen für ein Zusammenziehen dieses Muskels. So einen Reflex testet der Arzt mit dem Hämmerchentest, wenn er auf den Unterschenkel unterhalb der Kniescheibe klopft und so den Reflex des großen Oberschenkelmuskels testet. Diese Art von Reflex ist für uns sehr wichtig: Eine rein zufällige Neigung des Körpers wird nämlich dadurch ausgeglichen, dass die dabei gedehnten Muskeln sich durch den Reflex wieder etwas zusammenziehen und den Körper so wieder in die normale Position bringen. Wir stehen wieder fest. Ohne den Reflex würden wir einfach umfallen.

PURKI: „Das ist aber eine tolle Steuerung. Das braucht sicher viele Nervenzellen."

Im Gegenteil: Der Muskelreflex ist die einfachste Steuerung des Körpers. Die ganze Verschaltung besteht aus gerade mal zwei Nervenzellen: Die eine misst die Muskellänge und gibt die Information an die zweite weiter. Die gibt den Befehl zur Anspannung an den Muskel:

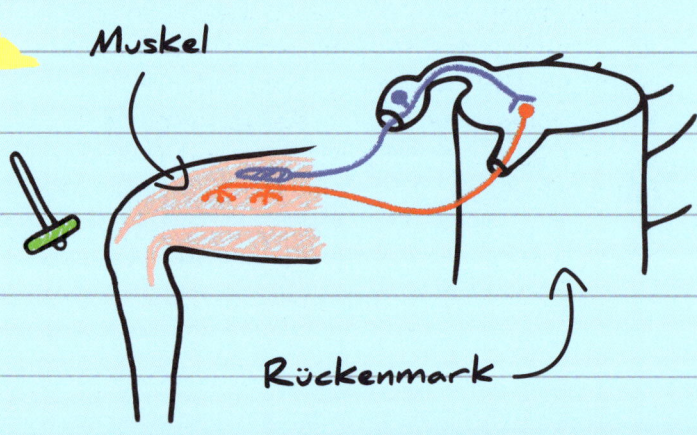

Muskel

Rückenmark

PURKI: „Wo ist denn da das Gehirn?!"

Gute Frage, aber viele Muskelreflexe benutzen Nervenzellen, die im Rückenmark und nicht im Gehirn liegen. Also dem Teil des Nervensystems, der sich nach unten an das Gehirn anschließt.

Reflexe dienen auch dem Schutz und der Ernährung. Das Zurückziehen des Fingers beim Berühren der heißen Herdplatte, das Schlucken, der Speichelfluss beim Anblick leckerer Speisen oder das Schließen des Auges bei Berührung gehören dazu. Solche Reflexe sind komplizierter, brauchen mehr Nervenzellen und sind dadurch variabler. Dazu gehören auch das Kitzeln oder das Husten, denn nicht jeder Reiz löst gleich ein Husten aus. Manchmal reicht auch ein Räuspern. Und nicht jeder Kitzelversuch ist erfolgreich und endet im Lachanfall.

PURKI: „Ja, Lachen ist ein gutes Stichwort. Was wisst ihr denn darüber?"

Dass Lachen ein Reflex ist, habe ich ja schon gesagt. Die Hirnforschung kennt außerdem die Stellen im Gehirn, an denen die Lachreaktion angesiedelt ist. Lachen ist übrigens auch nicht immer ein Zeichen guter Laune. Nach Schlaganfällen oder bei besonderen epileptischen Anfällen gibt es auch krankhaftes Lachen. In der Regel ist Lachen aber eine befreiende Reaktion, die nach überstandener Anspannung oder bei positiven Überraschungen auftritt. Zum Beispiel bei einem Witz, der ja immer ein unerwartetes und überraschendes Ende hat.

PURKI: „Dann bin ich dran, da kenn ich einen: Wie kann ein Hirnforscher seine Gehirngröße verdoppeln?"
PYRA: „Keine Ahnung."

PURKI: „Er muss eine Fliege verschlucken. Ha, ha, ist der nicht gut?"

Na ja, doch, der ist gut. Da fällt mir ein, ich bin euch noch die Antwort auf die Frage schuldig, warum man sich nicht selbst kitzeln kann: Weil zum Auslösen der Kitzelreaktion auch Überraschung notwendig ist. Wenn man sich aber selbst kitzelt, dann weiß das Gehirn über die Steuerung der Finger schon vorher ganz genau, wo gekitzelt wird. Die Überraschung fehlt – und es gibt weder Gänsehaut noch Lachanfall.

Versuch's mal

Versuch mal, Reflexe auszulösen. Das machst du am besten bei deinen Eltern. Deine Versuchsperson setzt sich auf den Tisch und lässt die Beine locker herunterhängen. Dann schlägst du leicht mit der Handkante auf den Unterschenkel direkt unterhalb der Kniescheibe. Gibt es eine Zuckung des Beines? Oder streich mit einem Löffelstiel leicht über den Bauch oder die Fußsohle. Zucken Bauch und großer Zeh? Kitzeln solltest du natürlich auch ausprobieren!

Gibt es ungelöste Rätsel rund um das Gehirn?

Massenhaft. Und es werden immer mehr, je mehr wir vom Gehirn wissen.

PURKI: „Das ist aber unlogisch. Wenn man mehr Wissen hat, muss das, was man nicht weiß, doch weniger werden. Bis man alles weiß."

Im Prinzip hast du recht. Aber wenn wir etwas Neues vom Gehirn entdeckt haben, entstehen dadurch oft gleich neue Fragen, von denen wir vorher gar nichts wussten. Ein Beispiel: Hirnforscher entdecken ein neues Molekül im Gehirn. Damit sind wir ein winziges Stückchen näher am vollständigen Wissen über alle Moleküle des Gehirns. Aber gleichzeitig kommen viele neue Fragen hinzu: Welche Aufgabe hat das Molekül? Wie ist es aufgebaut? In welcher Menge kommt es vor? Und so weiter. Das sind alles Fragen, die wir nicht stellen konnten, bevor wir das neue Molekül kannten. Deshalb gilt: Es wird immer ungelöste Rätsel zum Gehirn geben. Und deren Zahl wird immer mehr zunehmen.

PYRA: „Okay, verstehe ich. Aber es gibt Fitzelkram und es gibt Wichtiges. Was sind denn die großen noch ungelösten Rätsel?"

Das habt ihr bei den Fragen ja schon gemerkt. Die Hirnforschung weiß noch wenig über die höchsten Hirnfunktionen. Also über das, was uns als Menschen ausmacht und worin wir besonders gut und besser als jedes Tier sind: Denken, Kreativität, Lernen, Kunst, Musik und so weiter. Das sind natürlich aber leider auch genau die Sachen, die uns besonders interessieren. Noch mehr als der Aufbau des Gehirns, die Regeln bei der Zusammenarbeit der Nervenzellen oder die Stellen des Gehirns, die für Muskelbewegungen zuständig sind. In diesen Punkten wissen wir dagegen schon sehr viel und haben – so glaube ich – die wichtigen Regeln des Gehirns verstanden.

Aber: Die Hirnforschung weiß eigentlich noch gar nicht, wie das Gehirn aus der Zusammenarbeit von Nervenzellen neue Leistungen erzeugen kann. Ein wenig schnuppern wir schon an diesem vielleicht letzten großen Rätsel des Gehirns. So hat man bei der räumlichen Orientierung herausgefunden, dass es Nervenzellen gibt, die nur dann Nervenimpulse erzeugen, wenn man sich an bestimmten Positionen in einem Raum befindet. Schaut mal hier drüben. So sieht das zum Beispiel aus, wenn eine Ratte in einem Raum frei herumläuft. Bestimmte Nervenzellen sind nur aktiv, wenn die Ratte bei ihrem Weg an den rot markierten Stellen ist. So entsteht ein Dreiecksmuster, das eine Art gedankliche Karte, ein Raster, im Gehirn sein

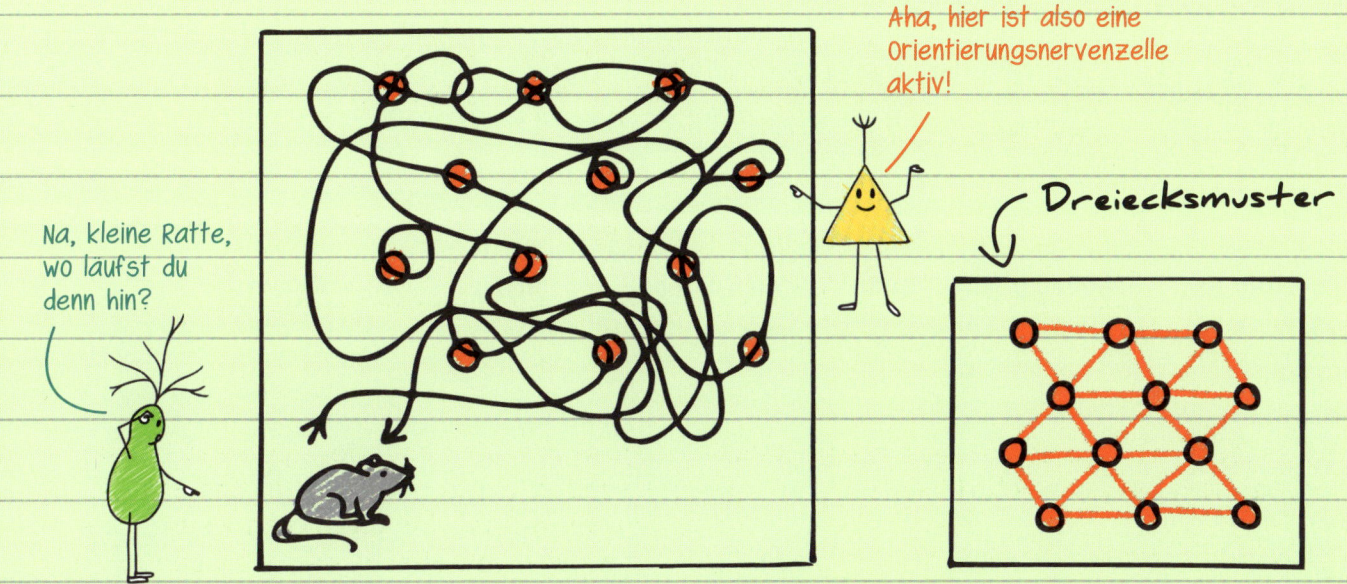

könnte. Aber wie die Nervenzellen daraus die Orientierung in diesem Raum erzeugen … keine Ahnung.

PURKI: „Tja, das wüsstest du gerne, was? Und dann schnell den Nobelpreis abkassieren, nur weil zwei harmlose Nervenzellen ein bisschen zu viel geplaudert haben."

PYRA: „Purki, jetzt gib nicht so an! Du weißt es doch auch nicht."

Schade. Aber bei diesen Ergebnissen sieht man zumindest, dass die Orientierungsfähigkeit durch das Zusammenspiel von Nervenzellen entsteht und dass nicht jede Nervenzelle allein für einen einzigen Ort zuständig ist.

Diese Art der Zusammenarbeit gilt ganz besonders für eine fantastische Leistung des Gehirns: das Bewusstsein.

PURKI: „Überschlag dich mal nicht. Was soll denn am Bewusstsein so besonders sein?"

Bewusstsein – also das Wahrnehmen der eigenen Gefühle und Gedanken – ist schon etwas Besonderes. Denn wir haben es nicht, wenn wir ohnmächtig sind oder schlafen und ein Computer hat auch kein Bewusstsein. Die Hirnforscher wissen, dass das Bewusstsein viel mit der Hirnrinde zu tun hat, denn wenn die zum Beispiel nach schweren Hirnverletzungen oder Krankheiten nicht mehr funktioniert, ist das Bewusstsein weg. Wie die Hirnrinde Bewusstsein macht, wissen wir nicht. Ja, wir wissen noch nicht mal, ob es allein die Hirnrinde ist. Einige Wissenschaftler glauben, dass die Hirnrinde nur eine Art Umschaltstation für die Seele ist. So wie in einem Radio die Musik ja auch nicht entsteht, sondern nur übertragen wird. Auf jeden Fall haben Hirnforscher herausgefunden, dass die gleichzeitige Arbeit verschiedener großer Nervenzellgruppen der Hirnrinde für das Bewusstsein notwendig ist. Dafür spricht, dass bei Störungen des Bewusstseins diese Gleichzeitigkeit nicht mehr richtig funktioniert. So wie aus dem Musikstück eines Orchesters Krach wird, wenn die Musiker aus dem Takt kommen.

... und Schluss!

Nein, das war es. Das waren die Fragen, die ich bekommen habe und beantworten wollte.

PYRA: „Ja, aber es gibt doch noch viel mehr. Mich interessiert da noch …"
PURKI: „Lass mich erst mal: Wie das mit Fußball und …"

Halt! Ihr seid zwei richtig neugierige kleine Nervenzellen, aber jetzt muss ich auch mal wieder etwas anderes machen, als mich mit euch beiden zu unterhalten. So nett das auch ist.

PURKI: „Du meinst, wir müssen zurück auf unsere Plätze ins Gehirn?"

Genau. Denn ihr werdet in irgendwelchen Verschaltungen meines Gehirns euren Platz haben. Und diese Verschaltungen dürften daher gerade nicht funktionieren.

PURKI: „So wie du manchmal geantwortet hast, funktioniert da einiges nicht mehr."
PYRA: „Schade, mir hatte es gerade richtig Spaß gemacht."
PURKI: „Ach, für mich passt es schon. Ich hab' eigentlich genug. Ich vermisse meine Kumpel. Aber noch kurz zum Fußball …"

Okay, jeder von euch darf noch eine letzte Frage stellen.

PURKI: „Yippieh! Ich fange an: Was macht das Gehirn eines Torwarts beim Elfmeter?"

Das ist eine gute, aber auch schwierige Frage. Eigentlich hat der Torwart keine Chance, einen gut geschossenen Ball zu halten, denn es dauert etwa eine Viertelsekunde, bis der abgeschossene Ball die Torlinie erreicht. Für die Berechnung im Gehirn reicht das, nicht aber für die Bewegung und den Sprung. Deshalb muss der Torwart vor dem Schuss mit der Bewegung beginnen. Profitorhüter schauen daher auch nicht auf den Ball, sondern auf den Fuß des Schützen, denn der verrät ihnen etwas früher, wohin der Spieler schießen wird.

PURKI: „Super, damit kann ich was anfangen, danke! Aber musste es bis zur letzten Frage dauern, bis ich etwas Sinnvolles lernen konnte?"
PYRA: „Purki, jetzt halt mal deine Klappe. Hier ist meine letzte Frage. Und die ist wirklich von wissenschaftlichem Interesse: Wie lang sind alle Nervenzellfortsätze zusammen? Also: Wie viele Leitungen gibt es in einem Gehirn?"

Das kann man nur schätzen, weil das kein Mensch ausmessen kann. Dazu gibt es einfach zu viele Nervenzellen und Fortsätze. Also: Es sind auf jeden Fall mehr als eine Million Kilometer. Mit den Nervenzellen eines einzigen Gehirns könnte man also mehr als 25-mal den Äquator umspannen.

PURKI: „Äquator? Afrika! Da wollte ich immer schon mal hin. Pyra, das wird unsere nächste Reise."

PYRA: „Aber jetzt geht es erst mal wieder nach Hause, in meine schöne, gemütliche Großhirnrinde. Doch vorher wollen wir uns noch bedanken, nicht wahr, Purki?"

PURKI: „Na gut. Danke."

PYRA: „Und als Dankeschön wollen zum Abschluss mal wir etwas für dich zeichnen."

Alles Gute
und vielen Dank
von Purki
+ Pyra

Wow, das ist aber schön geworden! Ein Portrait von mir mit euch beiden. Vielen Dank! Das wird mich immer an euch beiden netten Nervenzellen erinnern.

PYRA: „Ich hab's nicht so mit Abschieden. Mir kommen fast die Tränen … Das wollte ich übrigens auch noch fragen. Aber, na gut: Tschüss und mach es gut!"

PURKI: „Und pass auf: Wenn du mal wieder wissenschaftlich rumlabern willst, kommen wir wieder. Und dann gibt es richtig Druck! Tschüssikowski."

Also dann – macht es gut, ihr beiden. Und vielen Dank für eure Hilfe!

Was ist wo?

4 Wie sehen Nervenzellen aus?

6 So ist das Gehirn aufgebaut

8 Können Regenwürmer denken?

10 Warum ist das Gehirn in der Mitte geteilt?

12 Kullern die Nervenzellen im Kopf herum?

14 Müssen wir schlafen?

16 Warum kann man etwas drei Meilen gegen den Wind riechen?

18 Was ist das Schwierigste für das Gehirn?

20 Was ist Demenz?

22 Was ist Alzheimer?

24 Wie kann das Gehirn glücklich sein?

26 Müssen Nervenzellen auch mal aufs Klo?

28 Wie viele Hirnwindungen hat eine Fliege?

30 So toll sind Tiergehirne

32 Können sich Nervenzellen vermehren?

34 Wieso merken wir uns manchmal unnötige Sachen?

36 Wird das Gehirn beim Schlafen abgeschaltet?

38 Sind graue Zellen wirklich grau?

40 Sprechen Nervenzellen miteinander?

42 Wie viele Fremdsprachen passen in ein Gehirn?

44 Was essen Nervenzellen?

46 Warum sieht das Gehirn so faltig aus?

48 Wieso vergessen wir etwas?

50 So gut ist dein Gedächtnis

52 Wie viele Nervenzellen hat ein Mensch?

54 Warum ist das Gehirn im Kopf?

56 Wie lange bleibt Gelerntes im Gehirn?

58 Können Hirnforscher Gedanken lesen?

60 Können Nervenzellen Schnupfen kriegen?

62 Haben kleinere Menschen auch kleinere Gehirne?

64 Was ist die Hirnrinde?

66 Wie lernt das Gehirn lesen?

Auf den lila markierten Seiten gibt es besonders viel zu sehen und zu entdecken. Staune über rekordverdächtige Tiergehirne und mach mit beim großen Gedächtnistest!

68 Wie hilft eine Eselsbrücke?

70 Gibt es Gehirntricks, wie man sich Sachen leichter merken kann?

72 Ist das Gehirn ein Computer?

74 Stehen Nervenzellen immer unter Strom?

76 Wo sitzt das Lesen im Gehirn?

78 Können Schnecken Nervenzellen lahmlegen?

80 Ist das Gehirn glitschig?

82 Macht das Gehirn die Augen groß?

84 Kann man Gras wachsen hören?

86 Funktioniert das Auge wie ein Fotoapparat?

88 So irrt sich das Gehirn: Optische Täuschungen

90 Warum tut manches erst später weh?

92 Ist das Kleinhirn klein und das Großhirn groß?

94 Denken Jungen anders als Mädchen?

96 Warum macht schöne Musik Gänsehaut?

98 Ist das Gehirn bei einer Querschnittslähmung geschädigt?

100 Kann das Gehirn wachsen?

102 Wann gibt es Hirnimplantate?

104 Wo sitzt die Mathematik?

106 So ist das Gehirn spezialisiert

108 Was macht ein Hirnforscher?

110 Warum bilden Nervenzellen Netze?

112 Was ist gut für Nervenzellen?

114 Welchen Schlag bekommt das Gehirn bei einem Schlaganfall?

116 Was ist Fantasie?

118 Was sind die häufigsten Erkrankungen im Gehirn?

120 Warum kann man sich nicht selbst kitzeln?

122 Gibt es ungelöste Rätsel rund um das Gehirn?

124 … und Schluss!

Ihr wollt wissen, welche meine aller-aller-aller-letzte Frage ist? Dann lest schnell hier nach. Und einen Megarekord gibt`s hier auch noch ganz am Schluss …

Hirnforscher

Und was hat unser Hirnforscher bisher so gemacht?

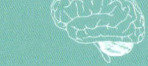

Prof. Dr. Michael Madeja

wurde 1962 geboren. Er studierte Medizin und wurde Arzt und Hirnforscher. Viele Jahre lang hat er das Gehirn intensiv erforscht und sein Wissen als Professor an Studierende weitergegeben. Inzwischen sorgt er als Wissenschaftlicher Vorstand der Else Kröner-Fresenius-Stiftung zusätzlich dafür, dass auch andere das Gehirn erforschen können. Er liebt es, über das Gehirn zu reden und zu schreiben, und hat drei Kinder. Da gab es immer viele Fragen zu beantworten — manchmal sogar zum Gehirn.

Schickes Foto! Da siehst du gar nicht so sehr nach Hirnforscher aus.

Dankeschön

Danken möchte ich Prof. Dr. Eckart Altenmüller, Prof. Dr. Konrad Beyreuther, Prof. Dr. Onur Güntürkün, Prof. Dr. Wieland Huttner, Arvid Leyh und Prof. Dr. Karlheinz Plate für Rat, Hinweise und Literaturempfehlungen sowie Anja Starigk, Ruth Koch und Katja Filler für ihre sensible, kompetente und geduldige Betreuung im Verlag.

Meinen Kindern Laetitia, Maximilian und Felicitas gewidmet.

Archiv Tessloff: alle Seiten (Zeichnungen); **Flickr:** 30ur (CC BY-ND 2.0: richie rocket); **imago:** 78ul (Paulo Di Oliviera); **Madeja, Michael:** 75ml, 119ol; **mauritius images:** 60u (BSIP/CAVALLINI JAMES); **Nature Picture Library:** 5ur (Alex Mustard); **picture alliance:** 31mr (C.Sanchez/WILDLIFE), 39ol (Rolf Kremming), 60o (Image Source/Scott Camazine), 60ml (CDC/FRED MURPHY), 60mr (BSIP/CDC); **Science Photo Library:** 40ur (DENNIS KUNKEL MICROSCOPY); **Shutterstock:** 5ur (Taucher: Pascal Vosicki), 10um (Karl Allgaeuer), 13or (Marina Lohrbach), 22ur (Juan Gaertner), 28ul (Parkerspics), 29ol (annop youngrot), 30om (boban_nz), 30mr (Stubblefield Photography), 30ul (Maggy Meyer), 31ol (Andrew Sutton), 31ul (Alison Roosenberg), 31ur (Alta Oosthuizen), 50or (nivedith Gajapathy), 55ur (sittichai phimdee), 57or (Annette Shaff), 62ml (Pressmaster), 64mr (Merkushev Vasiliy), 77ul (Marjan Apostolovic), 79ul (FtLaud), 87or (Christopher Gardiner); Klebstreifen: S. 5, 10, 22, 27, 28, 30, 31, 50, 55, 57, 60, 62, 64, 75, 77, 79, 87, 125, 128 (jannoon028); Büroklammer: S. 13mr, 29mr, 35ol, 39o, 40um, 56or, 78ml, 93or, 128ol (Mad Dog); **Sommer, Eugen:** 128o; **Wikipedia:** 27ul (John Graner, Neuroimaging Department, National Intrepid Center of Excellence, Walter Reed National Military Medical Center, 8901 Wisconsin Avenue, Bethesda, MD 20889, USA), 93or (CC BY 4.0: BrainsRusDC);

Umschlagfotos: Archiv Tessloff: U1 (Zeichnungen); **Shutterstock:** U4 (Klebstreifen: jannoon028), **Sommer, Eugen:** U4

Text: Prof. Dr. Michael Madeja
Lektorat: Anja Starigk
Gestaltung & Illustration: Ruth Koch
Bildredaktion: Katja Filler
Copyright © 2020 TESSLOFF VERLAG,
Burgschmietstraße 2–4,
90419 Nürnberg

www.tessloff.com

ISBN 978-3-7886-2241-1